KB233359

우리의 교육,
몸으로 가르치자

우리의 교육,
몸으로 가르치자

주 삼 환 著

들어가는 말

1. 교육 회복의 길

아무리 국민소득이 높아져도
잘 먹고 잘 입게 돼도,
사회에 믿음이 통하지 않으면
모든 게 허사이다.
헐벗고 좀 배가 고프더라도
희망이 있을 때 살맛이 난다.
믿음이 통해야 교육이 성립된다.
스승과 제자 사이에, 교육자와 국민 사이에, 교육자들 사이에.
교육은 우리의 희망이다.
희망을 갖고 교육을 하고,
교육에 희망을 걸어야 한다.
교육에서 믿음과 희망을 회복해야 한다.

2. 교육만이 살 길

모두가 무너지고 내려앉아도
교육이 무너지면 끝장이다.
기업이 일시 가라앉고,
가정이 어려워도,
교육이 살아 있고 계속될 수 있으면
아직은 희망이 있다.

교육은 국가를 지키는 최후의 보루이다.
동시에 교육은 모든 것의 출발이다.
근로자도 기업인도 과학·기술자도, 정치인도,
모두 교육이 길러내기 때문이다.
잘 돼도 교육 때문이요, 못 돼도 교육 때문이다.
21세기 목전에서 질 높은 교육만이 살 길이다.
질의 화학적 변화, 질적 전환이 지상과제이다.

3. 교육자의 신바람 나는 일

기왕에 교육자의 길로 들어섰으면
신바람 나게 일하고 신바람 나게 살아야 한다.
삶의 의미를 교육에서 찾을 수밖에 없다.
아무리 따지고 계산해 봐도
교육에 미치는 길 뿐 다른 길이 없다.
그러기 위해서는 교사는 가르치려고 하기 전에,
먼저 배우려고 노력해야 한다.
학생의 자아실현을 도와줘야겠지만,
교사 자신의 자아실현과 성장을 위해서
부단히 노력해야겠다.
우리가 가지고 있는 능력을 최대한 발휘할 때,
우리는 행복할 수 있다.

4. 교육지도자의 방향 제시

우리는 어려운 교육 여건 속에서,

21세기의 급변하는 상황 속에서,
교육과 교육행정을 하고 있나.
이러한 상황에 맞게 교육 리더십을 발휘해야
소기의 성과를 거둘 수 있다.
경쟁력 있는 고급 인력을 길러내어
기업도, 경제도, 과학·기술도 살려내야 한다.
생명력, 생존력 없는 교육은
아무리 열심히 해봐도 의미가 없다.
교육이 없어지고, 학교가 망하고 나서는
우리는 교육을 하고 싶어도 설 자리를 잃게 된다.

5. 한국의 힘-부모의 힘, 가정교육의 힘

정말 자식을 제대로 키우려면
부모가 독한 마음을 먹어야 한다.
미운 자식 떡 하나 더 주고 이쁜 자식 매 한대
더 들어야 한다. 속으로 예뻐해야 자식 제대로 키운다.
말로만 가르칠 게 아니라 몸으로 행동으로 가르쳐야 한다.
아이들은 정성을 먹고 자란다.
정성을 드려 철저히 가르쳐야 한다.
교육이 제대로 되고 나라가 제대로 되려면
부모가 부모노릇 하고 어른이 어른노릇 해야 한다.
애들은 저절로 크는 게 아니다.
독한 마음먹고 정성스레 몸으로 키우자.
한국의 힘, 가정교육에서 나온다. 어머니에게서 나온다.

6. 교육자: 나를 찾아서

기업을 찾고, 경제를 찾고, 국가를 찾고, 교육을 찾고도
나 자신을 잃어버리면 모든 것을 잃는다.
내가 있어야 이 세상도 존재하는 것이다.
궁극적으로 나의 정체감, 나를 찾지 못하면
모든 것이 의미가 없다.
천하를 얻고도 나를 잃으면
모든 것을 잃는다.
학생의 올바른 자아개념 형성을 도와주기 위해서는
교사 자신의 자아개념이 먼저 올바르게 형성돼야 한다.
아이들 앞에 떳떳하고 크게 보이는 선생님이
떳떳하고 큰 제자를 길러낼 수 있다.
나보다 더 큰 제자를 길러내는 선생님이 더 큰 스승이다.

늘 논리를 찾아 딱딱한 글만 쓰다가
틈틈이 생각나는 대로 써냈던 글을 모아 보았다.
나는 산책을 좋아한다.
그래서 이리저리 기분 내키는 대로
교육 산책을 해본 것이다.
산책하다가 때로는 어디에 숨어버리고 싶을 때도 있다.
아마도 몇 개의 글 속에
내가 숨어있을지도 모른다.

저자 주 삼 환

차 례

1. 교육 회복의 길

교육의 신뢰를 회복하고
국민과 국가에 희망을 주어야 한다.

믿음과 희망을

믿을 수 있는 사회

되는 것과 안 되는 것

돈 주면 되지 않아요?

교육 오케스트라

교육을 걱정한다

믿음과 희망을……

백성이 굶는 한이 있더라도 마지막까지
임금(정부)은 백성(국민)에게 믿음을 주어야 한다.

어느 날 자공이 공자에게 질문했다고 한다. "공자님, 나라를 편안하게 하는 데 꼭 필요한 것은 무엇입니까?" 그러자 공자는 국가를 편안하게 하기 위해 기본적으로 세 가지가 필요한데 그것은 바로 '식량(食)', '무기(兵)', '믿음(信)'이라고 대답을 했다. 자공이 다시 묻기를 "이 세 가지를 다 갖추면 좋겠지만 부득이 하나를 갖출 수 없다면 이 세 가지 중에서 무엇을 빼야 하겠습니까?"라고 질문을 했다. 이에 공자는 "그런 경우에는 무기를 뺄 수밖에 없다"라고 대답을 했다 한다.

또다시 자공이 한 번 더 질문을 했다. "남은 두 가지 식량과 믿음을 다 갖출 수 없다면 무엇을 빼야 하겠습니까?"라고 질문을 하자 공자는 이에 대해 "그렇다면 식량을 뺄 수밖에 없다"라고 대답을 하고 그 이유를 다음과 같이 설명했다고 한다. "백성이 굶는 한이 있더라도 마지막까지 임금(정부)은 백성(국민)에게 믿음을 주어야 한다."

우리가 언뜻 생각하면 식량, 무기 그리고 믿음 셋 중에서 국방이 제일 중요하다고 보아 먼저 무기와 군인을 생각할 것

같은데 이것이 제일 먼저 제외된다. 물론 이것도 중요하지만 국민이 당장 굶고 임금과 정부를 믿지 못하고 희망을 갖지 못하면 더 큰 문제이기 때문이다. 식량과 믿음 중에서도 쉽게 생각하면 식량이 중요할 것 같은데 식량이 먼저 제외되고 믿음이 끝까지 남게 된다. 비록 백성이 허리띠를 졸라매고 굶는 한이 있더라도 최후의 순간, 극한 상황에서라도 마지막까지 믿음과 희망이 남아 있어야 한다는 것이다. 믿음과 희망이 없으면 더 이상 살 가치를 잃게 된다.

공·맹자 시대와 지금의 상황은 많이 바뀌었지만 이러한 논리는 현재에도 통하는 것 같다. 이라크는 다국적군으로부터 군사적으로 초토화되다시피 패배하고(무기), 세계의 수많은 나라로부터 경제제재조치(식량)를 당했지만 후세인에 대한 믿음은 남아있었기 때문에 어려움 속에서도 평화롭게 유유히 살아가고 있었는지도 모른다. 이라크 국민이 왕과 정부를 믿지 못하고 더 이상 앞날에 대한 희망을 갖지 못했다면 전쟁 초반에 이미 망해버리고 말았을 것이다. 이라크 국민들은 오히려 걸프전으로부터 긍지와 프라이드를 갖게 되었을지도 모른다. 미국, 영국과 같은 강대국, 여러 나라 다국적군과도 당당히 싸웠다는 자존심을 갖게 됨으로써 군사적으로는 지고, 폐허 속에서 굶주리고 있지만 정신적으로 이겼다고 생각하고 국가에 대한 충성심과 애국심은 더 강해지게 되는 결과를 초래하지 않았나 생각된다.

우리는 믿는 나무에 발등 찍힐 때 많은 배신감을 느낀다. 그동안 국민들은 정부로부터 너무나 많이 속아왔다. 군사혁명 당시 국민과 혁명 공약으로 양심적인 민간인에게 민정이양을 한다고 해놓고는 그 사람들이 옷만 벗고 계속 권력을 잡았고,

장관이 전날까지 연탄 값, 담배 값 안 올린다고 해 놓고는 그 다음 날 자고 일어나 보면 그날 밤 0시를 기해서 이미 엄청나게 값이 올라있는 것을 국민들은 알게 된다. 뽕나무를 심으라고 해서 심고 나면 뽕 잎을 따먹어 보지도 못하고 몇 년 후에는 나무를 파버려야 했다. 정부에서 시키는 것과 반대로만 하는 사람이 돈 벌고 잘 살게 되니 급기야는 역으로 살라는 말이 통용되고 있다.

정치인들이 하도 공약을 남발하고 거짓말을 많이 해 놔서 이제 국민들은 더 이상 지도층이란 사람들을 믿으려 하지 않는다. 거짓말 해 놓고 히히 웃으며 악수하는 사진에 국민들은 신물을 내고 있다.

너무도 많이 속아서인지 아이들도 선생님 말을 믿으려 하지 않는다. 일단 의심을 품어 보고 나서 생각한다. 또 너무나 자주 입시제도가 바뀌니까 뭐가 뭔지 갈피를 잡지 못한다. 과외단속을 "한다고 했다", "안 한다고 했다" 뒤죽박죽이니 아무리 엄중단속이라고 극약처방을 해도 이제는 코흘리개도 눈 하나 깜짝 안 하게 되었으니 도대체 선생님들이 아이들을 어떤 기준을 두고 어떻게 가르친단 말인가? 선생님이 무슨 말을 하면 아이들이 진짜냐고 몇 번씩 확인하고 다짐을 받고서도 의심을 풀지 않으니 무슨 교육력, 지도력이 먹혀들겠는가?

너무나 많은 비상사태, 긴급조치, 강조, 단속기간, ○○운동, 캠페인에 감각이 무디어지고 긴장이 풀려 이제는 용수철 기능을 잃어버리고 극한 용어도 제 기능을 상실해 버렸으니 선생님은 도대체 무슨 교육 용어를 동원하여 학생들을 가르쳐야 하는가? 일 년 내내 강조기간이니 강조기간이 무슨 의미가 있는가? 너무나도 많이 바뀌다 보니까 선생님이 무슨 말을 해도 또 며칠이나 지속되겠느냐고 좀 떠들어 대다 말겠지 하고 따르려 하지 않는다. 이런 상태에서 국민의 자녀들을 어떻게 가르친단 말인가?

신 학년이 되어 아이들이 친구를 사귀느라고 친구 집에 놀러 온 초등학교 5학년 아이보고 담임선생님이 어떤 분이냐고 물으니 충격적인 대답을 한다. "여자 선생님인데요, 얌체같이 생겼어요, 돈만 알게 생겼어요." 선생님과 만난 지 이틀 밖에 안 되었는데 어떻게 하다 이 아이에게 선생님이 이런 이미지를 주었을까? 말할 것도 없이 아이가 선생님을 잘못 보았을 것이다. 그러나 이렇게 잘못 보이도록 자신의 이미지 관리를 잘 못한 것은 교사 자신의 책임이요, 사회의 책임이다. 이 잘못된 이미지를 씻고 이 아이를 어떻게 가르친단 말인가? 교사도 실패요, 그 아이의 교육도 실패다. 도대체 아이들도 교사를 존경하기는커녕 믿지도 않으려 하니 어떻게 인간교육을 한단 말인가?

우리나라 교육의 중앙부서인 교육부의 한 장학사가 충격적인 전화를 받았다는 이야기를 들은 적이 있다. 이것도 학년 초인데 초등학교 2학년이라는 아이가 "장학사님, 우리 담임선생님 좀 혼내주세요"라는 것이었다. 이제 우리나라도 갈 데까지 갔구나 하는 불길한 생각이 들더라는 것이다. 도대체 이 아이가 교육부의 전화번호는 어떻게 알았으며, 장학사라는 말은 어디서 들었으며, 높은 데 전화 걸면 모든 게 해결된다는 생각을 어떻게 하였는지 도대체 이해가 안 된다는 것이다. 누가 시켜서 전화하는 것 같지는 않더라는 것이다. 이러한 아이들을 선생님들이 어떻게 가르치고 있는지 걱정이 안 될 수가 없었다.

어린 아이로부터 어른에 이르기까지 불신의 공기로 꽉 차

있는 이 사회·교실에서 우리는 무엇을 가르칠 수 있는가? 불신 속에서 불신을 가르치기는 쉬울 것이다. 자신들이 믿음을 갖고 있시 못하다는 사실이다. 자신들이 속임을 당하고 있으니 어떻게 믿음을 가르친단 말인가? 국립사대에 들어가면 또 졸업하면 교사가 된다는 것을 믿고 또 그런 약속 하에 들어오고 졸업했는데 어느 날 갑자기 0시를 기하여 약속과 신뢰를 팽개치고 임용고시를 치러야 한다니 이런 교사가 학생들에게 믿음을 가르칠 수 있을 것인가? 교원지위향상법, 우대책을 요란스럽게 정해 놓고 꿩 구어 먹은 자리이니 교사들에게 믿음이 서겠는가?

　국가가 교육을 포기하려고 하지 않는 한 국민과 학생들에게 믿음을 줘야한다. 만연되어 있는 불신풍조 속에서 믿음을 되찾으려면 정치지도자와 교육자는 과거보다 더 몇 배 노력하지 않으면 안 된다. 국민과 학생에게 믿음과 희망을 주어 살맛나고 공부할 맛나게 해주어야겠다.

믿을 수 있는 사회

가난하게 살지만 관광공해에 오염되지 않고
순수하게 살아가는 그들이 부러웠다

미국 뉴욕에서 어떤 미국인이 실험을 하였다고 한다. "요즈음 세상에 믿을 사람은 아무도 없다."고 한탄하는 소리가 높아지고 있는데 과연 미국의 대도시 뉴욕이 얼마나 험악한가를 알아보기 위해서 한 간단한 실험이었다.

뉴욕에서 택시 기사를 대상으로 미국인이면서도 영어를 못하는 외국인으로 아주 부자인 손님인 체 하면서 택시 기사들이 외국인인 체하는 자기를 속여서 바가지요금을 부과하는지를 알아보려는 것이다. 그랬더니 자기가 탄 택시 기사 37명 중 1명꼴로 속이더라는 것이다. 이 사람은 미국 뉴욕 택시 기사의 97%가 신뢰받을 수 있다는 결론을 얻은 것이다. 그러면서 이 사람은 "누가 이 세상을 험악하다고 하는가?"라고 오히려 반문했다.

그런데 사람들은 왜 세상을 믿을 수 없다고 하는가? 대부분의 착한 사람은 눈에 잘 보이지 않고 나쁜 사람들만 눈에 두드러지게 보이기 때문이 아닐까? 외국인인 체하고 택시요금을 더 많이 주면 오히려 필요한 요금만 받고 나머지를 되돌려 주고 뉴욕에서 외국인으로써 조심해야 할 점까지 친절하게 가르쳐 주더라는 것이다.

이 실험을 얼마나 믿을 수 있느냐 하는 문제는 있으나 어쨌든 미국 사회의 한 단면을 보는 것 같아 흐뭇하기까지 하다. 또 하나는 택시 기사라는 인간을 대상으로 간단한 실험이라도 했다는 윤리적인 문제가 있다. 그러나 간단히 세상의 세태를 알아보기 위한 부득이한 문제로 이해될 수 있을 것이다.

그러면 이와 똑같은 실험을 한국의 서울에서 실시했다면 어떤 결과가 나왔을 것인가? 물론 실제 증거자료가 없기 때문에 자신 있게 말할 수는 없으나 아무래도 거짓을 해서라도 요금을 더 받으려고 하는 사람의 숫자는 앞의 이야기에서 보다 늘어날 가능성이 높다.

왜냐하면 외국인이 아닌 우리들에게도 불법을 저질러 가면서까지 돈을 더 벌려고 하는 택시 기사를 너무나 많이 만나고 있기 때문이다. 승차 거부, 불법 합승, 특정 방향만 승차하는 행위, 정규요금의 2배, 3배를 사전 약속하고 태우는 행위를 주변에서 너무나 많이 보아왔다는 사실을 숨길 수 없다.

또 한국에서의 불평과 불만 사항으로 외국 관광객이 가장 빈도가 높게 지적하는 것 중 하나가 택시 기사의 불친절과 바가지요금이기 때문에 한국에서 누가 이런 실험을 했다면 결과는 더 나쁘게 나왔을 것임에 틀림없다.

그러나 반면 교통 방송을 들어보면 "작은 선행"을 한 많은 택시 기사를 찾고 있는 것을 알 수 있다. 시골 노인을 태우고 길을 헤매면서 끝까지 집을 찾아서 안전하게 모셔다 드린 택시 기사를 그 노인의 아들이 찾는 경우도 있고, 사고를 당했을 때 택시비도 안 받고 병원에 모셔다 입원시킨 택시 기사를 치료받고 나서 정신 차린 후 애타게 찾는 내용도 있고, 거액의 돈을 주워 주인을 찾는 내용도 많고, 강도와 도둑, 뺑소니차를 생명을 걸고 추격하여 잡은 정의의 택시 기사도 많은 것을 알 수 있다.

이런 많은 착한 사람들의 이야기를 들을 때 우리는 흐뭇함과 동시에 살맛나는 세상이라는 느낌을 갖게 된다. 대부분의 착한 사람들이 밑바닥에서 우리 사회를 떠받치고 있기에 우리나라가 이런 정도로 유지되고 지탱이 되는 것이다. 어떻게 보면 극악하게 나쁜 짓하는 사람들이 표면에 나타나기 때문에 이 세상이 온통 험악한 것처럼 보이는지 모른다.

영국 런던 교외의 대학에서 국제 세미나가 있어 참석했다가 길을 잃어 잠깐 당황했던 적이 있다.

아침에 동료들과 대학의 뒷길 지름길을 걸어 나와 기차를 타고 런던시내에 나갔다가 저녁때는 혼자서 그 지름길인 골목길을 찾아 대학 기숙사로 돌아오고 있었는데 아무리 헤매도 대학으로 들어가는 길을 찾을 수가 없었다. 방향은 분명한데 가보면 계속 막다른 골목이 나와 대학으로 들어갈 수가 없었다. 날이 어두워지고 동시에 추워지기 시작하여 약간 겁이 나기 시작했다.

날이 어두워지자 사람도 눈에 띄지 않았다. 그때 어떤 집 앞에 차가 한 대 서더니 어떤 부인이 차에서 내리고 짐을 꺼내가지고 현관을 통해서 집안으로 막 들어가려고 하고 있었다. 달려가서 길을 물어보지 않으면 안 되겠다는 생각이 떠올랐다.

그런데 그 부인이 나를 나쁜 사람으로 의심하고, 무서워하며, 경계할 것 같다는 생각이 동시에 떠오르는 것이었다. 날이 어두워진데다가 내 복장이 허술하고 영어도 서투르고 하여, 우리나라 서울 같으면 분명 나쁜 사람으로 오인 받게끔 되이 있었다.

그런 상황에서는 남자인 나한테 누가 와서 말을 붙인다 해도 무서워서 상대도 않고 집안으로 들어가 문을 잠가버렸을 것이다.

이런 때일수록 상대방으로 하여금 겁먹지 않게 서두르지 말고 낮은 목소리로 말해야겠다고 까지는 생각했으나 사람이 집안으로 들어가면 그만 이라는 생각 때문에 아마도 다급한 목소리를 냈을 것이다.

우선 "엑스큐스 미(용서해 주십시오)"란 말을 해놓고, 다음은 외국인인데 이 대학에 국제 세미나로 왔다가 지름길로 가려는데 길을 못 찾겠으니 좀 가르쳐 줄 수 있겠느냐고 떠듬떠듬 서투른 영어로 말하였다. 얼굴도 잘 안 보이는 어둠 속에서 나를 보고 놀랄 것으로 생각했던 그 부인은 겁이라고는 조금도 없는 것 같은 태도로 그러냐면서 자기 차로해서 정문으로 테려다 줄 테니 걱정 말고 차에 타라고 했다.

그리고는 들었던 짐을 차에다 다시 싣고 운전석으로 갔다. 이런 상황에서 사람이 이렇게 순수하고 친절할 수가 있는가? 상대방이 너무나 순수하고 겁도 안내고 나의 말을 믿어주니 오히려 내 자신이 이상한 생각을 하게 되었다.

순간 내가 걱정이 일어나기 시작했다. 서로 자기소개를 하고 세미나의 성격에 대해서 이야기하고 나서는 대학에 대한 설명과 묻지도 않은 자기 개인에 관한 이야기까지 들려주므로 나의 의심과 걱정도 사라졌다. 그리고 이렇게 착하고 순수한 사람을 순간이나마 의심하고 걱정했다는 것이 죄스러웠다.

몇 킬로미터를 달려 정문에 왔을 때 내려서 걸어가겠다고 했더니 친절하게도 기숙사 건물까지 태워다 주고 헤어졌다.

이것이 바로 영국의 저력이구나, 이렇게 믿을 수 있는 사회가 정말 가능한 것인가? 한국인인 내 자신이 겪은 사실도 믿기 어렵다. 대부분의 영국인이 그런 것인지 아니면 내가 만난 바로 그 여인 하나만 특별했던 것인지 알 수 없다.

바꾸어서 생각해도 그런 상황에서 남자인 나에게 어떤 여인이 길을 묻는다고 말을 걸어 왔을 때 하나의 의심도 없이 그 여자처럼 더 이상 말을 시키지도 않고 순수하게 받아들이고 도와줄 수 있었을 것인가? 단연코 나는 그렇지 못했을 것이다.

도와주는 것이 문제가 아니라 의심부터 하고는 경계하는 태세를 하고 꼬치꼬치 물어보고 틀림없다고 판단했을 때에야 겨우 도와줘야 한다는 생각이 들었을 것이다.

이것이 선진국과 후진국의 차이, 살기 좋은 나라와 그렇지 못한 나라와의 차이가 아닌가 하고 생각했었다. 우리는 언제 이런 나라와 같이 되겠는가? 부럽기도 하고 샘이 나기도 하였다. 영국병에 걸렸다고 하고, 사양길의 거목과 같은 영국이라고 하지만 밑바닥이 튼튼한 영국의 앞날은 밝을 수밖에 없다.

유네스코 워크숍이 있어 네팔에 갔을 때도 이와 같은 믿을 수 있는 사회의 단면들과 많이 부딪칠 수 있었다. 그렇게 세계 각처에서 많은 관광객이 방문해 와도 네팔에는 순수와 믿음이 보존되고 있었다.

네팔의 한 대학교수는 네팔 국민만큼은 아직 믿을 수 있다고 자랑스럽게 또 자신 있게 말하고 있었다. 남의 나라에 가서 밤중이나 새벽에 돌아다닌다는 것은 상상도 할 수 없는 일인데 한번 모험을 걸었었다.

새벽에 일어나 혼자 택시를 타고 어떤 산봉우리에 가 일출을 보기로 한 것이다. 택시 기사는 규정요금을 받고 안전하게 믿을 수 있게 운전하여 태워다 주고 안내해 줬다. 가난하게 살지만 관광공해에 오염되지 않고 순수하게 살아가는 그들이 부러웠다. 인간이 인간을 믿지 못하는 사회만큼 살기 나쁜 곳은 없다.

심지어 부모 자식 간, 선생님과 제자 간에도 믿지 못하는 사회에서 더 이상 극으로 가야할 길이 남아있는가?

우리 교육자는 무엇보다도 먼저 정직한 사람을 키워내어 믿을 수 있는 사회를 만들어야겠다. 그러려면 우리 교육자를 믿을 수 있도록 우리 스스로 행동해야겠다.

되는 것과 안 되는 것

밑으로 가정의 어머니로부터 위로는 나라의 지도자들이 "NO"와
"YES"의 구별을 철저히 생활화해야 한다.

미국에서 공부할 때 타자수의 집에서 박사학위논문의 최종
교정을 보고 있을 때 있었던 이야기다. 타자수는 자기 집에
타자기를 놓고 가정 일을 보면서 전화주문에 의하여 들어오
는 타자(지금의 워드) 일을 하고 있었다.

나는 교정 지시에 따라 올바로 고쳐서 바르게 타자하였는
가를 타자수 옆 책상에서 마지막 확인을 하고 있었다. 그 때
밖에서 뛰놀다가 들어오던 초등학교 4, 5학년쯤 되어 보이는
그 집 아들이 땀을 뻘뻘 흘리면서 들어와서 타자를 치고 있
는 엄마에게 "엄마나 냉장고에 있는 콜라 한 잔 마시면 안
될까요?"하고 물었다.

엄마는 한 마디로 "안 돼"라고 거절을 했다. 그 아이는 더
이상 엄마에게 사정할 생각도 않고 2층 계단으로 순순히 올
라가고 있는데 엄마는 2층 계단으로 올라가는 아들에게 한마
디 덧붙였다. "너 오늘 이미 콜라를 한 잔 마셨기 때문에 더
이상 자극성이 있는 것을 마시면 안 된다는 것을 이미 학교
에서 배워서 잘 알잖아" 하고 말하는 것이었다. 아이는 엄마

의 말씀을 뒤로 남기며 말없이 자기 방으로 올라갔다. 아마 그 아이는 시원한 콜라 대신에 2층 자기 방에서 샤워를 할 것으로 생각 된다.

한 단편적인 상황이지만 미국의 엄마와 아들 사이에서 일어나는 이 광경을 옆에서 지켜보던 나는 많은 것을 생각하게 되었다. 그 더운 날 어머니가 어린이에게 콜라 한 잔에 그렇게 엄격할 수가 있는가? 저런 상황에서 한국의 어린이도 엄마의 "안 돼"라는 한 마디에 순응할 수가 있을 것인가? 우리 집 아이들도 엄마의 말에 저렇게 금방 수긍하고 받아들일 것인가?

"엄마, 목 타 죽겠어요. 이번 한번만 봐주세요."라고 사정하거나 떼를 써서 주장하지 않았을까? 그러면 약한 마음에 엄마는 특별히 예외를 인정하거나 변칙을 만들어 내어 아이의 요구를 어느 정도 충족시켜 주려고 했을 것이라고 생각된다. 이것이 보편적인 우리나라의 엄마들과 아이들의 이미지가 아닐까?

그러나 이 미국인 엄마는 아이를 대하는 태도가 분명해 보였다. 그것은 "되는 것"과 "안 되는 것"을 분명히 구별해주는 것 같았다. 안 된다고 하는 것은 무슨 짓을 해도 끝까지 안 되고 되는 것은 사정하지 않아도 처음부터 철저히 되는 교육을 해온 것 같다. 그러나 가능한 한 아이들에게 "NO"라는 말을 잘 안하지만 한번 "NO"라고 대답하면 절대로 안 된다는 것을 그동안의 학습을 통하여 잘 알고 있다.

그래서 더 이상 치근덕대지 않고 안 되는 것을 당연한 것으로 알고 일찌감치 포기하고 마음을 달리 정하는 것이다.

가정에서 이렇게 훈련과 학습을 받은 아이들은 커서 사회에 나가서도 안 되는 것을 되게 만들려고 떼(편법)를 쓰지 않게 된다. 또 사회에서도 가능한 한 도와주고 격려해주는 분위기이지만 안 되는 것을 되게 만들려고 무리한 짓을 받아주는 사회도 아니다. 이것이 미국의 합리주의이고 법질서의 기반인지도 모른다.

우리는 가정교육에서부터 문제가 있다. 우선 너무나 가볍게 금지를 뜻하는 "안 된다"는 말을 많이 쓴다. 모두가 안 되는 것 천지이고 금지하는 것투성이다. 그러다가 너무나 쉽게 안 되던 것을 되게 해 주는 데 문제가 있다.

떼를 쓰고, 울고, 밥을 안 먹고, 집을 나가고, 손님이 왔을 때 난처하게 되면 안되던 것을 되게 하는 예외를 만들어 줌으로써 "NO"를 "NO"로 믿지 않게 만들어 준다.

그러므로 사회에 나가서도 정문으로 들어가서 "안 된다"고 하면 이를 믿지 않고 후문으로 가서 어떤 방법으로라도 일을 성사시키고, 또 그렇게 안 되는 것을 되게 함으로써 일종의 쾌감, 성취감, 승리감을 느끼게 되고, 이런 학습은 더욱 강화된다.

그래서 더욱 믿을 수 없는 사회가 되고 법질서가 무너지고 정직한 사람, 원칙대로 사는 사람, 법질서 준수하는 사람이 오히려 부정직한 사람, 제 멋대로 사는 사람, 새치기 하는 사람보다 손해 보는 사회가 되고, 또 이런 사회가 되다보니 부적(否的)인 강화를 더 부추기게 된다.

안 되는 것은 처음부터 끝까지 안 되는 사회가 되어야 한다. 되는 것은 처음부터 깨끗이 되는 사회 분위기를 형성해야 한다. 그러기 위해서는 밑으로 가정의 어머니로부터 위로는 나라의 지도자들이 "NO"와 "YES"의 구별을 철저히 생활화해야 한다.

의견 수렴하는 과정에서 옳고 합리적인 것이라면 의사표시의 규모가 소규모이건 대표자를 통해서 이건 또는 신사적(대화적)이든 간에 과감히 빨리 들어줘서 조치를 취해야 한다. 그리고 못 들어줄 것이면 못 들어 주는 이유로 설득할 수 있어야 한다. 신사직으로 소규모로 데모를 해도 "되는 것"이면 초반에 깨끗이 되어야 한다. "안 되는 것"이면 아무리 높은 사람에게 청원해도, 아무리 과격한 데모를 해도 끝까지 안되어야 한다.

안되던 것이 높은 사람에게 청원하면 되고, 대규모로 때려 부수고 불태우고 과격하게 되면 그때서야 진실이 밝혀지고 요구가 받아들여진다면 학생과 국민은 더욱 과격해지고 데모는 더욱 심해질 수밖에 없다.

극렬한 데모를 통해 무엇인가를 이룩했던 사람들은 승리감, 성취감에서 더욱 과격하고 거친 데모를 준비하지 않을 수 없다.

결국 지금까지 가정과 사회, 정부가 아이들과 학생, 국민을 과격한 데모를 하도록 학습시켜왔다.

그래서 이제는 안 되는 것을 안 된다고 감히 말할 사람이 없어졌다. 어머니 아버지도 감히 자식들에게 안 된다는 말을 못하고, 선생님도 학생들에게 안 되는 것을 안 된다고 말을 못하고 있다. 안되던 것이 버젓이 되고 있는 것을 너무나 쉽게 너무나 많이 주변에서 보아왔기 때문이다.

대학총장도 안 되는 것을 되게 학생을 부정입학을 시키는 판이니 이 사회가 안 되는 것과 되는 것이 구별되겠는가? 사립대학에 돈이 모자라 부정입학시키는 것이 허용된다면 밥 굶어 담 넘는 도둑을 어떻게 막을 것인가? 부정입학과 기여입학제가 연결되어 같이 말이 나오는 것은 불행한 일이다.

어떤 항공회사에서 "NO-NO운동"을 벌인다고 한다. 이게 뭔가 하고 알아봤더니 고객 손님에게 "never say no"라는 것이다. 손님에게 결코, 절대로 안 된다고 "NO"라고 말하지 않는다는 것이다.

  손님의 모든 요청을 다 들어 주도록 서비스를 해주되 정 어려운 것은 "NO"라는 말을 쓰지 않고 완곡한 표현을 쓴다는 회사방침이고 이를 종업원들에 대한 하나의 교육적 운동으로 전개시킨 것이다. 그러나 우리 사회, 우리 학교, 우리 교육에서는 "NO"라고 말할 수 있는 사람이 필요한 것 같다.

  가능한 한 모든 것을 들어주되 그래도 안 되는 것은 깨끗이 "NO"라고 말 할 수 있는 어른이 필요하다. 열차가 멈추게 되고, 총장실이 부수어져도 "NO"는 "NO"이어야 한다.

  교육은 국가를 지키는 최후의 보루이다. 나라를 지켜달라고 했던 군인도 못 믿게 되고, 국민의 평안과 안녕을 지켜주길 기대했던 경찰도 못 믿고, 양심의 보루인 판·검사도 국민을 실망시키고, 거기에 교직자와 성직자마저 무너진다면 국민은 더 이상 희망을 걸 곳이 없다. 최후의 보루에서 이 선 만큼은 안 된다고 말하던 우리나라의 선비들이 그리워진다.

돈 주면 되지 않아요

"이까짓 나무요? 그거 돈 주면 되지 않아요?"

쌀쌀한 초겨울 어느 날 깊은 산골 외딴 절에서 있었던 일이다. 주지 스님이 산사의 주변을 산책하다가 젊은 한 쌍의 남녀가 불을 피워 놓고 바싹 달라붙어 무슨 이야기인가 진지하게 하고 있는 모습이 눈에 들어왔다. 등산객도 잘 찾아오지 않는 이곳에 사람이 있다는 것도 이상한데 혹시 등산객이 온다하더라고 지금쯤이면 모두가 하산했어야 할 시간인데 날이 어두워지는데도 태연스럽게 불을 피워 놓고 있다는 사실이 놀라울 상황이었다.

그런데 더 놀라운 것은 스님들이 겨우내 땔감으로 나무를 해서 쌓아 놓은 장작을 아무렇지도 않게 날라다 모닥불을 피우는 것이 아닌가? 스님이 젊은이들 앞으로 다가가 말을 걸었다. 지금 몇 시인데 아직도 안 내려가고 어쩌려고 이러고 있느냐고 걱정하는 소릴 했다.

젊은이들의 반응은 내려가거나 말거나 왜 참견이냐는 식이었다. 어이없는 노릇이다. 괘씸한 생각이 들은 스님은 그런데 왜 남이 해 놓은 나무를 아무 허락도 없이 때고 있느냐고 나무랄 겸, 질문 겸 물었다. "이까짓 나무요? 그거 돈 주면 되지 않아요?" 이렇게 나오는 것이었다. 어이없는 두 번째 반응이었다.

"깊은 산골, 이곳은 돈이 필요 없는 곳이요. 돈을 주고도 나무를 살 수 없는 곳이요. 그 나무는 우리들이 겨우내 살아야 할 나무요. 또 돈을 주고 사더라고 미리 살 수 있는지 없는지 알아보고 남의 물건에 손을 대야지……"

젊은이들은 스님의 이야기를 도저히 이해할 수 없다는 태도이다. 돈 주고 나무 같은 것도 못 산다니……머리가 온통 돈으로 꽉 차 있는 이들 젊은이와 스님과는 더 이상 대화가 계속 될 수 없었다. 하여간 더 이상 나무를 축내지 말라고 타이르고 들어왔으나 스님은 젊은이들이 그 말을 들을 것으로 기대도 하지 않았다.

추위를 견디다 더 이상 견딜 수 없었는지 젊은이들은 할 수 없이 절로 스님을 다시 찾아오고 말았다. 아무리 젊은이의 혈기로도 모닥불로는 밤을 지샐 수 없었는지 하룻밤만 재워달라는 것이었다. 이 작은 절에는 여유 있는 방이 없다고 대답했다.

평소에 손님이 와서 머문 적도 별로 없는 절이라고 사정을 설명했다. 그래도 젊은이들은 "돈 주면 되지 않아요? 돈 달래는 대로 다 줄께요." 돈으로 머리가 꽉 차있고 돈으로 모든 구멍이 다 막혀 있는 사람들……아무리 돈이 필요 없대도 이해할 수 없다는 젊은이들……아무리 돈을 많이 가지고 있어도 당장 잘 곳이 없는 처지가 된 것이다. 돈이면 다라는 황금만능의 병을 어떻게 고칠 것인가? 스님이 생각해도 해결책이 없었다. 이렇게 추운 밤에 내려가라고 하는 것도 스님으로서 할 짓이 못되고 그렇다고 재울 방도 없고……방을 하나 마련한다고 해도 결혼도 안 한 이들의 풍기문란을 허용하는 격이 되고……할 수 없이 스님들이 한 방에서 자기로 하고 두 방을 내어 각각 따로 자도록 자비를 베풀었다. 결국 그들은 아침에 한 방에서 나왔고, 돈으로 꽉 찬 그들을 더 이상 가르치지 못하고 만 것이다.

공놀이 하다가 남의 집 유리창을 깬 아이 집에 찾아가서 나무라면 그때서야 아이는 유리를 끼워주면 되지 않느냐는 항의를 하고 나온다. 더욱 가관인 것은 그 애 엄마 아빠까지 그까짓 유리창 변상하면 되지 않느냐고 하면서 애 기죽이지 말라고 항의하는 것이다. 변상을 해주더라도 절차가 있고, 용서와 사과가 있어야 하는데 모든 것이 생략된 채 돈 주면 되는데 뭐가 그리 복잡하냐는 식이다. 그 어머니에 그 아들이다. 어른이나 애나 모두 돈으로 꽉 찬 머리를 무엇으로 청소해내야 할 것인가?

초등학교 1, 2학년 아이가 몇 십 만 원짜리 자기앞 수표를 들고 물건을 사러 왔다. 가게 집 주인은 고사리 손에 들켜 쥔 수표를 보고는 떨렸다. 고사리 손은 태연한데 그 수표를 받는 어른 손이 떨리더라는 것이다. 어떻게 잘못된 것 아닌가 하고 누가 주었는지, 전화번호와 주소를 물어도 너무나 태연하더라는 것이다. 마침내 가게 주인은 그 아이의 집에 전화를 걸어 사실을 확인하기로 하였다.

그 아이의 아버지는 "당신은 돈이나 받고 물건을 팔아 돈만 벌면 됐지, 남의 아이를 의심하고 쓸데없이 교육하려들며 전화질 하느냐?"는 반응이었다. 너무나 어이없는 반응이다. "돈 받고 돈 벌면 됐지……" 이것도 돈으로만 머리가 꽉 찬 사람이다. 이러니 아이들 교육을 어떻게 해 먹는단 말인가? 이런 아이들을 학교에서 선생님들은 어떻게 가르친단 말인가?

상장과 상품, 트로피, 장학금도 모두 돈으로 계산된다. 상장은 상장을 만드는데 드는 인쇄비 정도로 계산된다. 상품으로 주는 공책과 연필도 문방구에 가면 얼마짜리에 불과하고 상을 못 탄 아이도 더 비싼 것을 사서 쓸 수 있다고 생각한다.

트로피와 상패, 감사패 등도 인플레가 되고 흔해빠지다 보니 필요한 사람에게 전달되어 잘 쓰이는 경우도 있지만 일시적으로 기분 좋게 해주는 정도에 그치고 마는 경우도 있다. 그래서 귀중한 장학금을 받아 한 잔 하는 것으로 끝나버리는 경우도 있다. 이렇게 상징성과 의미가 중시되는 상장과 상품, 장학금도 한낱 돈과 물질로 간주되는 것은 안타까운 노릇이다. 더구나 물질적 가치를 잘 모를 어린 아이들까지 물질로 약삭빠르게 계산되는 것을 볼 때 우리는 이런 사회 현실에 비애를 느낀다.

이렇게 물질과 돈으로 계산하는 젊은이와 학생들은 선생님까지도 돈으로 계산한다. 우리 아빠는 한 달에 얼마를 벌어오는데 우리 선생님 봉급은 그 몇 분의 일밖에 안 된다는 것을 알고 자신의 선생님을 우습게 여긴다. 물질적 가치로 충만 되어 있는 부모의 영향을 받고 있는 학생들은 충분히 자기 자신의 부모의 수입액과 선생님의 봉급액을 비교하여 평가할 가능성이 높다. 남편의 수입보다 많은 수입을 갖고 있는 아내가 아이들 앞에서 은연중에 남편을 무시하는 태도를 보이는 경우도 있다.

이런 가정의 아이들은 충분히 자기 부모의 수입과 선생님의 봉급 액을 비교할 가능성을 갖고 있다. 선생님을 존경하고 따르던 아이들도 선생님의 봉급 액을 알고 나서는 실망하기 쉽다. 그리고 나서 자신은 절대로 선생님이 안 되겠다고 스스로 결심하기도 한다. 학생들이 선생님을 따르고 존경해도 교사는 학생을 가르치기 어려운 세상인데 하물며 선생님을 물질적 가치로 평가하는 아이들을 어떻게 가르칠 것인가? 교직은 너 어려운 직업이 되고 있다.

그런데 이런 상황에서 교사마저 물질적 가치로 꽉 차 있고, 자신의 직업을 아이들처럼 물질적 가치로 평가하여 자기비하를 할 때 더욱 문제이다. 아이들을 옷 입은 겉모양을 보고 평가하고, 부모의 직업이나 지위, 가정환경에 의하여 아이들을 차별하거나 이들 앞에서 기가 죽어가지고 아이들을 가르치려고 하게 되면 아이들의 가치는 영원히 바로 잡기 어렵고 교육 자체를 포기하게 된다.

돈에 가치를 두는 사람이 교직을 선택한 것은 자신을 위해서도 교직자와 학생을 위해서도 불행한 일이다. 동서고금 언제 어디서나 교육자가 돈 벌었다는 예는 없다. 이것을 알고도 교직에 들어왔다면 돈은 초월했어야 할 것이다. 그러나 교사도 물질적 대우를 받아야 하는 것은 너무나 당연하다. 국가는 교사에게 응분의 정신적·물질적 대우를 해줘야 한다.

돈은 귀중하다. 귀중한 돈을 귀중하고 가치 있게 사용할 때 돈은 가치를 발휘한다. 돈으로 사회 질서를 파괴하고 전통적 윤리도덕을 흔들어 놓은 세속적 가치관을 우리는 바로잡아 주어야할 것이다. 돈은 위력을 갖지만 돈으로 안 되는 것이 더 많다는 것을 분명히 가르쳐 줘야 한다. 돈의 가치로 충만된 이 사회에서 교사는 외롭다. 교사는 외롭게 가치체계를 정립하는 교육을 하자니 더욱 힘 든다.

돈은 귀중하고 유용하므로 열심히 또 공정하게 벌어야 한다. 귀중한 돈을 가치 있는 곳에 유용하게 쓰는 법도 배워야 한다. 세상이 다 돈만 준다고 되는 것은 아니다. 돈이 필요 없는 곳에서는 돈도 한낱 휴지조각에 불과하게 된다. 돈에 비례하여 행복해지는 것도 아니다. 일인당 국민소득 양에 비례하여 살기 좋은 사회가 되는 것도 아니다. 돈보다 더 귀한 것들이 많다는 것을 가르쳐야겠다. 우리 아빠 월급이 얼마냐고 묻는 아이들에게 끝내 대답하지 않고 너희들 충분히 먹이고 입히고 가르칠 만큼 번다고 대답해주던 대한민국 선생님의 아내가 한없이 고맙기만 하다.

교육 오케스트라

오케스트라는 하모니와 협동을 생명으로 한다.
각각 독특한 소리를 내는 악기도 전체를 위한 하모니를 염두에 두지
않으면 오케스트라가 될 수 없다.

나는 '교육 오케스트라'라는 말을 좋아하고 또 즐겨 쓴다. 오케스트라(orchestras)는 우리말로 관현악단이나 교향악단이라고 불러야 할 텐데 오케스트라의 맛을 충분히 내지 못하는 것 같아 외래어이지만 할 수 없이 그냥 '오케스트라'라고 부른다.

'교육 오케스트라'는 교육이라는 오케스트라, 교육이라는 곡을 연주하는 오케스트라라는 뜻에서 붙인 이름이다. 교육은 오케스트라가 되어야 한다는 의미로 그렇게 이름 붙였다.

오케스트라의 어원은 그리스어의 '오르케스트라(Orkhestra)'로 고대 그리스의 원형극장에서 무대와 관람석 사이에 마련된 넓은 장소를 뜻하며 무용수가 노래 부르며 춤을 추고 악기 연주자가 자리하였던 장소였다.

그 의미는 변하여 16세기에는 '무용'을 뜻하다가, 18세기에는 '악기가 자리하는 장소'를 뜻하는 것으로 변하였다가, '여러 가지 악기의 집합체'로 정의된 것은 1767년 루소의 『음악사전』에서 비롯되었다고 한다.

오케스트라는 10여 명으로 편성된 실내 관현악단에서 100명이 넘는 교향악단에 이르기까지 다양하게 편성할 뿐만 아니라 악기의 구성이 또한 다양하다.

현악기, 관악기, 타악기로 구성되는데 현악기군에는 제1바이올린, 제2바이올린, 비올라, 첼로, 콘트라베이스 등이 있고, 관악기도 둘로 나뉘어져 목관악기에 피콜로, 플루트, 오보에, 잉글리시 호른, 클라리넷, 파고토 등이 포함되고, 금관악기 군에 호른, 트럼펫, 트럼본 등이 자리하며, 타악기 군에 팀파니, 큰북, 작은북, 트라이앵글, 탬버린, 심벌즈, 목금 등이 들어간다.

오케스트라가 다양한 여러 악기의 집합체로 구성되듯이 교육은 많은 구성원으로 구성되고, 국민 모두가 교육 관련자이다. 또 교육은 수많은 구성원의 협동적 노력에 의하여 이루어진다. 그래서 ‘오케스트라’라고 한다.

교사와 학생, 교육행정가, 지원행정직원, 학부모, 지역사회인, 정치·경제·사회·문화·언론인 등 다양한 사람들의 협동적 노력에 의하여 비로소 한 인간의 교육이 가능해진다. 교육은 교사와 학생, 교육행정가에 의해서만 이루어지는 것은 아니다.

각각 다른 소리를 내는 악기들이 모여 하나의 곡을 연주하듯이 각각 다른 역할과 기능을 하는 수많은 교육 구성원들이 협동하여 인간 교육이라는 하나의 곡을 연주해야만 교육은 가능해진다.

교육의 근본은 가정이다. 가정교육이 제대로 되어야 그 바탕 위에서 학교교육이 제대로 이루어질 수 있다. 우선 부와 모의 자녀교육관이 일치되고 모범이 되어 행동으로써 자녀를 교육할 수 있어야 한다.

형제자매와 조부모, 친척과 이웃 환경도 중요한 교육 요소인 것은 누구나 잘 안다. 안정되고 평화로운 가정은 마치 10

여 명 이내로 구성된 실내악단과 같은 오케스트라이다. 감미로운 실내악 오케스트라를 듣고 자란 아이들은 비뚤어질래야 비뚤어질 수가 없다.

학교는 좀 더 규모가 큰 오케스트라단이다. 여러 교사와 교직원, 관리인과 보조원으로부터 보건교사, 사서교사, 교감, 교장에 이르기까지 수많은 사람들이 연주하는 '학교 오케스트라'가 학교교육이다.

학생—아동 친구들도 같이 연주를 한다. 지역사회 주민과 기관들도 각각 하나씩의 악기를 들고 연주를 한다. 한 악기만 엉뚱한 소리를 내도 연주는 망치게 되고 인간 교육은 비뚤어지게 된다.

'국가 오케스트라'가 되면 정치·경제·사회·문화·예술·언론, 전 국민이 함께 하는 오케스트라가 된다. 정치 따로 놀고, 경제 따로 놀아서는 국민 교육이 제대로 될 수 없다. 교육이 제대로 되지 않은 상태에서는 정치도 경제도 살아날 수가 없다.

미국 항공 우주국(NASA)에서 인공위성 하나 띄워 올리는 데 40만 명이 하나하나의 나사못처럼 협동하여 일한다고 한다. 0.0001의 오차만 있어도 인공위성은 발사되지 않는다. 그래서 인공위성 하나 쏘아 올리는 일을 40만 명이 연주하는 오케스트라라고 하였다.

우리나라 교육이야말로 5천만 명이 연주하는 '교육 오케스트라'가 되어야 한다. 누구 하나 자기 악기에 책임을 지지 못하면 그 나라 교육은 어렵게 된다. 교육을 이용하려는 사람, 교육을 장사로 삼는 사람, 교육을 뒷전으로 미뤄 두고 경시하는 사람이 있는 한 한국 교육은 제대로 연주될 수가 없다.

지금 경제가 바쁘다고 해서 교육을 경시하고 경제 살리기에만 치중하다가는 더 많은 후회를 하게 된다. 지금 경제가 침체된 것도 결국은 과거에 교육이 잘못 되었기 때문일지도 모른다. 밑바탕이 되는 교육을 잘못해 놓고 겉에 드러난 빙산의 일각인 경제만 살리려고 해서는 성공하기 어렵다.

오케스트라는 하모니와 협동을 생명으로 한다. 각각 독특한 소리를 내는 악기도 전체를 위한 하모니를 염두에 두지 않으면 오케스트라가 될 수 없다. 교육 내에 이익집단이 존재하는 것은 좋지만 전체를 위한 조화와 협동을 우선하지 않으면 안 된다.

최근 교사집단과 교장집단간에 이익 챙기기 갈등에서 얻은 것이 과연 무엇인가? 교육집단 내 갈등과 나눠 먹기식에서 희생당하는 것은 국민교육이고 학생과 아동들뿐이다. 교육은 이익집단이 아닌 한 차원 높은 봉사집단으로 승화되어야 하며, 우리의 고객인 학생과 국민의 이익을 먼저 챙기기 위하여 조화와 협동을 우선해야만 모두가 살 수 있고 모두가 승자가 될 수 있다.

오케스트라에서 하모니를 이루어 멋진 하나의 곡을 연주하기 위해서는 각 악기는 절제를 해야 한다. 원래 아름다울 '美'자는 희생 '양(羊)'에서 나와 희생과 절제를 바탕으로 한다. 수많은 악기가 전체의 하모니를 생각 않고 제 각각 자기 목소리만 내면 아름다운 곡을 연주해낼 수가 없다. 자기 목소리만 내다가는 조직도 죽고 마침내는 자기 자신도 죽고 만다.

성공하는 사람은 자신에게는 엄격하고 대신 타인에게는 너그러운 것이다. 인간이 가지고 있는 무한한 욕망을 절제하고 최소화시키는 사람만이 행복한 교직생활을 할 수 있게 된다.

우리 교직사회에서도 오케스트라의 악기처럼 절제가 요구된다. 연주가 시작되기 전에 각 악기들이 음을 잡고 고르고 연습하느라고 제멋대로의 소리를 내어 시끄러움을 연출했을 때의 상황을 연상해 볼 수 있으면 이제 연습이 아닌 국민교육이라는 아름다운 희생과 절세의 오케스트라를 연주해야 할 순간이다.

교육계 내부에서 각 집단과 개인이 목소리를 낮추어야 할 뿐만 아니라 실제로 더 돈을 절약하고 절제해야 한다. 교육재정은 많을수록 좋지만 우리가 원하는 대로 그렇게 많을 수가 없다. 적은 돈이라도 더 절약해서 쓰기 위해서 더 노력해야 할 시점이다. 근검과 절약은 청교도의 미덕이기 전에 한국인의 몸에 밴 미덕이었다. 이 선조들의 미덕을 우리 어린이와 젊은이들에게 몸으로, 행동으로 심어줘야 한다.

돈도 절제해야 할 뿐만 아니라 시간도, 절제할 줄 알아야 한다. 어린이와 젊은이의 시간은 한 나라의 가장 귀중한 자원이다. 교육에서 시간을 아껴 써 꼭 필요한 곳에 젊음을 바칠 수 있게 해야 한다. 필요가 적은 암기에 귀중한 젊음을 보내게 하는 것을 보면 너무나 아깝고 안타깝다. 젊은이들로 하여금 꼭 필요한 곳에, 흥분하고, 감동하고, 감격하면서, 신나게 시간을 보내도록 하는 교육이 되어야 한다.

정력도 절제해서 쓰도록 가르쳐야 한다. 정력은 평생을 두고 써야 하기 때문에 비축하면서 써야 한다. 공부 열심히 시킨다고 어린이와 젊은이들의 건강까지 해치게 해서는 안 된다. 어린이들이 너무 많이 안경을 쓰게 방치해 놓고 있다. 빛에도, 소리에도, 조미료에도 둔감해지고 있다. 오케스트라 악기들의 절제에서 우리 교육은 많은 것을 배워야 한다.

각 악기가 아무리 절제한다 하더라도 오케스트라단 지휘자의 지휘에 따라야 한다. 지휘자를 중심으로 하여 하모니와 조화, 협동하고 절제를 해야 하는 것이다. 지휘자의 성격과 특성이 곡과 연주 속에 나타나고 오케스트라단의 색깔로써 나타나게 된다.

베를린 필하모니 관현악단·뉴욕 필하모니 교향악단·보스턴교향악단·클리블랜드 교향악단·필라델피아 관현악단 등은 모두 지휘자와 악단의 오랜 역사 속에서 각각 독특한 특색을 갖게 된다.

지휘자는 방향을 제시하고 각 파트와 개인을 그 방향으로 결합·결집시키며 각 파트와 개인으로 하여금 제 기능과 역할을 다하도록 지휘한다. '교육 오케스트라'도 채임버오케스트라(실내악단)가 되었든 대규모 교향악단이나 관현악단이 되었든 지휘자와 지도자를 중심으로 뭉치지 않으면 안 된다.

교육은 오케스트라와 같다. 5천만이 다 교육 관련자이고 5천만이 다 교육을 중심으로 지휘자의 지휘에 따라 그리고 리더의 리더십에 따라 뭉치고 협동하고 절제할 때 한국 교육오케스트라는 성공적인 연주를 할 수 있게 된다.

교육을 걱정한다

교육에서도 개혁의 목소리가 높아지고 있으나 너무
형식과 구호, 보고서 작성에 그치는 것 같아 안타깝다.
근본적인 개혁적 결단이 요구된다.

우리나라는 자타가 인정하는 교육의 나라이다. 과거에 우리는 제대로 먹지도 못하고 입지도 못하면서 자녀교육에 열중하였고, 또 그렇게 자녀교육에 열중한 대부분의 가정은 기대한 대로 성공하고 출세를 보장받을 수 있었다. 또 그럴수록 교육에 더 열을 올리게 되고 그 열을 과열이라고까지 하였다. 비록 과열이라고 하더라도 교육에 열을 올리는 것이 나쁠 것도 없고 더구나 그것이 죄가 될 수는 없다. 교육 지도자들이 그 교육열을 올바른 방향에 쏟을 수 있도록 방향 잡아 주는 일을 잘하기만 하면 국민의 교육열을 얼마든지 좋게 볼 수 있는 것이다.

국가적으로 우리가 교육에 힘쓴 결과 나라가 이만큼 발전할 수 있었던 것이다. 일제 강제점령에서 교육 기회를 잃었다가 겨우 우리 손으로 우리의 교육을 시작하자마자 6·25를 만나 잿더미 속에서도 교육에 힘쓴 결과 그 교육받은 인구가 60, 70, 80년대 우리나라 산업화와 민주화에 크게 이바지했던 것이다. 결국 교육이 오늘날의 우리나라를 건설한 셈이다.

그런데 교육에 있어서의 문제는 여기서부터 시작된다. 교육이 우리나라 산업화와 민주화에 기여하고 뒷받침 해줬으면 이번에는 반대로 거기서 번 돈을 재빨리 교육에 재투자했어야 국가가 균형 있게 발전할 수 있을 것인데 그동안 경제가 교육을 외면한 결과 이제는 경제와 함께 교육을 걱정하게 되는 것이다. 이제는 교육은 말할 것도 없고 경제까지도 뻗어 나가지 못하고 멈춰 선 것이다.

더구나 산업화와 함께 가치의 중심이 정신으로부터 물질로 옮겨가게 되면서 교육은 정신도 잃고 물질도 잃어 두 마리 토끼를 다 놓치게 되면서 더욱 처참하게 되었다. 그래서 예를 들면 교사들은 정신적 존경도 잃고 물질적 대우도 잃어, 결국 교육 의욕을 상실하고 있다. 정신을 잃은 우리 사회는 지금 무질서를 연출하고 있다. 다리가 무너지고 가치가 곤두박질치고, 배가 가라앉고, 비행기가 떨어지는 것은 바로 우리 사회의 윤리·도덕 정신이 떨어지고 교육이 허물어지고 있다는 증거이다. 과거 30여 년간 산업화에 눈이 어두워 교육과 정신을 무시한 업보를 지금 받고 있는 것이다. 지금이라도 교육을 되찾고 바로 세우지 못하면 앞으로 더 많은, 더 큰 것이 내려앉을 가능성이 계속될 것이다.

교육은 더 이상 걱정만 하고 있을 것이 아니다. 교육에서도 개혁의 목소리가 높아지고 있으나 너무 형식과 구호, 보고서작성에 그치는 것 같아 안타깝다. 근본적인 개혁적 결단이 요구된다. 우선 서너 가지 주요 개혁 과제와 해결 방향을 제시한다.

첫째, 대학 입시가 우리나라 교육을 멍들게 하고 있다. 입시 때문에 우리나라 전체에 따르는 금전적, 시간적, 정력적 낭비가 이루 말로 표현할 수 없다. 지금 입시로 인한 부작용으로 낭비되는 자원만 정상 교육, 창의력 교육에만 바친다고 해도 선진국으로 진입하는데 크게 도움이 될 것이다. 입시의 문제는 시험제도니 과목만 바꾸는 잔기술 가지고는 도저히 해결이 안 된다. 교육부만의 노력으로도 근본적인 해결이 안 된다. 교육 대통령이 나서야 할 때이다. 우리나라 문화·역사·전통·사회 구조 등 모든 것과 깊이 관련되어 있기 때문이다. 근본적인 해결 방법으로는 대학에 갈 필요가 없게 만드는 일이 첫째이다. 고등학교만 나와도 손해 볼 것이 없게 만들어줘야 한다. 직장마다 일정 비율의 고졸자를 의무적으로 고용하고 보수, 승진, 발전에 손해 볼 것이 없도록 제도적·법적 보장을 해줘야 한다. 일류 대학이 모든 것을 독점하지 못하도록 배려를 해야 한다. 예를 들면, 대통령이 장관 임명하는 것부터 몇 개 대학 출신에게 편중되지 않도록 하는 과감한 조치가 따라 붙어야 하다. 대학 안 가도, 일류 대학 못가도 살아가고, 출세하는 데 지장 없도록 하는 근본적인 해결책을 찾아야 한다.

입시문제의 두 번째 근본적인 해결책으로는 어떤 형태로든 시험공부의 효과를 보지 못하도록 하는 방법을 강구하는 일이다. 정상적인 학교교육을 받은 학생에게 오히려 유리하게 하는 학생 선발 방법을 강구해야 한다. 고등학교 교육과정을 어기면서 입시 준비하는 학교와 학생을 우선 배제시키는 방법도 생각할 수 있다. 나라 전체가 입시에 놀아나게 만들어 놓고 거기서 즐기고 재미보고 있는 셈이다. 고등학교 교육목표에 충실하기 위한 결단을 내려야하다.

둘째, 가르치는 사람의 측면에서 철저한 교원양성과 교사에 대한 대우 없이는 우리나라 교육은 근본적으로 성공할 수 없다. 교육은 사람이 사람을 가르치는 일이다. 정신적, 물질적 대우가 좋지 않기 때문에 우수 집단에서 교원 희망자가 없고, 교사 양성교육도 거칠고 교원의 사기와 의욕 저하로 우리나라 교육은 지금위기를 맞고 있다. 2세 국민을 가르치는 교사가 지적으로 낮은 수준에서 충당되고 그나마 의욕과 사기마저 떨어져 있다면 개혁은 해보나마나이고 그 민족 그 팀은 희망을 걸 곳이 없다. 국가는 지금까지 계속 저질교사를 뽑고, 교사의 기를 죽이는 정책만 써온 셈이다. 결과적으로 그렇게 나타난 것이다. 교사 교육만은 일제 강점기 보다도, 해방 직후보다도 계속 나쁜 쪽으로만 바뀌어 왔다. 아무리 교육제도를 바꾸고 개혁을 해도 교사 교육정책을 이대로 놔두고는 모든 것이 허사라는 분명한 사실을 알아야 한다. 군인출신 지도자들이 교사를 경시하고 경제부처 사람들이 자기들 자녀를 가르치는 교사를 우습게 여긴 결과 교사들은 대충 교육을 하게 되고, 거친 교육은 어른 부재, 사회 무질서로 표출되었다. 거기다 물질만능의 사회풍조가 부채질했던 것이다.

지금이라도 정신을 가르치는 교사들에게 최고의 대우를 해주도록 개혁적 조치를 하여 우수인력을 교직으로 끌어들이고 사기충천하도록 해야 한다. 최고의 대우 속에는 두말할 것도 없이 물질적 대우와 함께 정신적 대우가 합쳐져야 한다. 교사가 예뻐서라기보다도 자라나는 국민들을 제대로 가르쳐 먹기 위해서이다.

셋째, 교육과정의 측면에서 인간으로서 필요한 바탕교육, 기초교육에 철저하고 나머지를 소질 개발·전문교육에 할당하도록 고려해야 하다. 인간성 교육을 공통기초·필수로 하여 철저한 교육을 하고 소질 개발·전문교육은 다양한 선택의 기회를 제공해줘야 할 것이다. 가르치는 교과목 수와 내용의 분량을 최소한으로 줄이고, 그 대신 몸에 밸 때까지 철저한 교육을 해야 한다. 양으로부터 질로 전환을 해야 할 시점이다. 선택에서는 창의성 교육의 기회를 충분히 제공해 줄 수 있어야 하다. 학생들에게 생각할 수 있는 시간을 충분히 줄 수 있도록 교육과정이 운영되어야 한다. 사람 만드는 교육에 실패하면 고도의 과학과 기술, 지식 교육도 쓸모없고 오히려 해악이 될 수 있다는 것을 우리는 이미 너무 많이 보아 왔다. 교육개혁을 교육의 질에 초점을 맞추지 못하면 또 다른 낭비를 낳고 만다. 우리는 교육의 질에 모든 승부를 걸어야 한다. 한 나라의 장래는 그 나라 교육의 질에 달려있다.

넷째, 교육 투자가 최우선 과제이다. 교육할 사람과 교육 내용과 함께 우수한 교육시설·자료의 확보 없이는 교육을 하기 어렵다. 앞에서 말한 우수 교사의 확보를 위해서도 엄청난 교육투자를 필요로 한다. 과거에 경제가 교육을 외면한 결과 한 나라의 정신적 기반인 교육이 부실하게 되어 엄청난 일들이 자주 벌어지고 있다. 지금 **GNP**의 5%만 교육에 투자하면 교육이 엄청나게 달라질 것처럼 거기에 온통 매달리고 있지만 교육이 국제 경쟁력을 가지려면 그것 가지고는 이미 늦어 버렸다. 일본을 따라가려면 일본보다 교육에 더 투자하고 미국이나 캐나다를 붙잡으려면 이들 나라보다 몇 배나 더 투자해야 하는 것은 너무나 당연한 이치이다. 선진국들은 **GNP** 덩어리 자체가 우리보다 더 크다는 사실도 감안해야 한다. 지금까지 보면 개인적·가정적으로 보나 사회적·국가적으로 보나 교육에 대한 투자만큼 실속 있고 보장된 정확한 투자는 없었다. 교육 재정투자가 없이 구호나 외치고 표어를 써 붙이고 어깨띠나 둘러매는 식의 정책을 가지고는 교육에서 승산을 기대하기 어렵다.

그동안 교육을 소홀히 한 효과(부작용)가 사회 구석구석에서 총체적으로 나타나고 있는데도 이들 인간교육을 통해서 근본적으로 처방하려 하지 못하고 또 다시 땜질하려는 데 실망하고 걱정하지 않을 수 없다.

교육행정학도는 정치인, 경제인, 국가의 지도자들에게 올바른 교육의 방향, 정책의 방향을 제시해줘야 한다. 우선 우리나라 교육이 정상적으로 굴러갈 수 있도록 해야 하겠고, 나아가서 냉혹한 국제적 교육의 질 경쟁에서 승자가 되려면 교육의 본질에 개혁정책의 초점을 맞출 수 있도록 해줘야 한다. 입시개혁으로 우선 교육의 정상화를 꾀하고 다음으로는 교육하는 사람인 교사와 교육내용인 교육과정과, 시설, 교재, 환경과 직결되는 교육재정의 네 측면에서 우리의 교육 문제를 풀어나가야 할 것이다.

2. 교육만이 살 길

교육만이 우리가, 우리 가정이, 사회가,
국가가 뻗어나갈 수 있는 유일한 길이다.
교육은 모든 것의 출발점이요, 종점이다.

교육이라는 열쇠

“젊은이, 열쇠는 도대체 어디다 잃어버렸소?” “글쎄 모르겠어요.”
“그런데 왜 여기서 열쇠를 찾고 있소” “여기가 환하니까요.”

한 신사가 어느 날 겨울밤 늦게까지 일을 보고 집에 돌아오는 길이었다. 버스에서 내려 집으로 들어오는 골목길에 접어들었을 때였다. 골목을 밝히고 있는 보안(가로)등불 밑에 어떤 사람이 웅크리고 앉아 있는 것이 보였다. 밤 12시가 넘은 이 추운 겨울날 깜깜한 골목길에 어떤 사람이 웅크리고 앉아 있으니 놀라지 않을 수 없었다. 머리카락이 쭈뼛해짐을 느꼈다.

이 신사는 용기를 내어 집으로 들어가던 발길을 돌려 웅크리고 앉아 있는 사람에게로 다가갔다. 어떤 젊은 사람이 눈(雪)이 희뜩희뜩 있고 울퉁불퉁한 바닥에서 무엇을 찾고 있는 것같이 보였다. 젊은이에게서는 약간 술 냄새도 나는 것 같았다. 그러나 나쁜 사람인 것 같지는 않아 말을 걸었다. “여보, 젊은이 거기서 무얼 하고 있소?” “열쇠를 찾고 있어요.” 참 안타까운 노릇이었다.

따뜻한 안방이 기다리고 있는데 열쇠가 없어서 집에 못 들어가고 추운 데서 떨면서 이 늦은 시각에 저러고 있다니.

그래서 도와주기로 작정하고 열쇠를 같이 찾기 시작하였다.

둘이 찬찬히 더듬으면 쉽게 찾을 수 있으리라 생각했으나 30분 이상 이리저리 반복해서 찾아도 열쇠는 보이지 않았다. 범위를 넓혀서 희미한 불빛이 미치는 곳까지 찾아봐도 열쇠는 보이지 않았다. 막대개비로 헤쳐 봐도 손으로 더듬어 봐도 소용이 없었다. 바늘이 아닌 이상 둘이 이정도 찾았으면 나올 법도 한데 열쇠는 찾을 수가 없었다. 신사는 은근히 화가 나고 남의 일에 참견한 것이 후회되기도 했다. 그렇다고 집에 못 들어가고 있는 젊은이를 혼자 놔두고 자기 혼자 집으로 들어가기도 어려운 처지가 되어버렸다. 추운데서 떨고 시간을 허비한 것이 아깝다는 생각이 들기도 했다.

절망적이라 생각을 하면서 젊은이에게 다시 묻는다. "젊은이, 열쇠는 도대체 어디다 잃어버렸소?" "글쎄, 모르겠어요." 젊은이의 엉뚱한 대답이었다. "그런데 왜 여기서 열쇠를 찾고 있소?" "여기가 환하니까요." 열쇠를 어디다 잃어버렸음 직하냐와 상관없이 보안등불 밑 환한 곳에서 열쇠와 같은 귀중한 것을 찾는다는 것이다. 다른 곳은 어두워 보이지 않고 불빛이 있는 곳은 환하니까 거기서 열쇠를 찾는다는 논리이다.

이것이 오늘날 젊은이들의 생각인지 모른다. 어두운 곳보다는 환한 곳, 좁은 곳보다는 넓은 곳, 구불구불 돌아가는 길보다는 곧장 가는 지름길, 쉬운 곳, 편한 곳에서 보물과 같은 귀한 것을 얻고자 한다. 열쇠라는 것은 아주 정밀한 것이기 때문에 바로 그것이 아니면 맞지 않는다. 비슷한 것을 찾아가지고는 통하지 않는다. 전화번호도 비슷한 번호 가지고는 통화할 수 없다. 한 숫자만 틀려도 엉뚱한 집이 나온다. 컴퓨터의 명령은 점 하나만 잘못 찍어도 오류 메시지를 내고 멈춘다. 이러한 귀한 것들을 적당히 쉽게, 편한대로 하려니 되겠는가? 근로자들도 어려운 일, 궂은일은 하려고 들지 않는다. 돈을 암만 많이 줘도 않겠단다. 어디에 문제의 열쇠가 있느냐를 깊이 생각히려들지도 않는다. 골머리를 앓기 싫다는 것이다. 아이들도 물건을 잃고도 아예 찾을 생각조차 않는단다. 또 사면되기 때문이다. 친구가 상과 상품을 받아도 부러워하지 않는 눈치이다. 상장은 종이쪽지에 불과하고 상품이래야 돈으로 몇 푼 안 나가는 것이라고 계산되기 때문이다.

열쇠를 어디다 잃어버렸느냐 하는 근본적인 것은 생각치 않고 환하고 편한 곳에서 찾고 있는 젊은이의 행동에 우리는 쓴웃음을 짓지 않을 수 없다. 그러면 "교육이라는 열쇠는 어디에서 찾아야할 것인가?" 우리도 '교육이라는 열쇠'를 쉽고 편한 곳에서만 찾으려고 하는 것은 아닌가? 골머리를 앓고 연구하고 새롭게 할 필요 없이 작년에 가르쳐본 대로 하면 쉽고, 개인차도 생각할 필요 없이 일제 식으로 외우게 하면 쉬울 것이다. 반복해서, 혼내면서 연습문제를 풀게 하면 편하기도 하고 아이들 성적도 올라갈지 모른다.

공문서 한 장으로 지시하고 명령한 다음 결과를 보고하라고 하면 전국의 모든 교육이 쉽게 한꺼번에 잘 이루어진 것 같이 보인다. 공문으로 지시하는 것보다 더 쉬운 교육이 또 어디 있는가? 교문에다, 현관에다, 담벼락에다 표어를 써 붙이고 플래카드를 내걸면 뭐가 이루어진 것같이 생각되는 모양이다. 어깨띠를 매고 길거리에 서 있으면 교육이 쉽게 이루어지는 것으로 아는 모양이다. 정의사회가 구현되고, 생활의 과학화가 이루어지고, 범죄도 추방하고, 통일도, 공명선거도, 새 생활 새 질서도 쉽게 이루어지는 것으로 아직도 착각하고 있는 모양이다. 이런 것들이 모두 환한 곳에서만 열쇠를 찾고 있는 젊은이와 같은 착상이요 발상이다.

교육이란 열쇠는 뭐니 뭐니 해도 교실에서 찾아야 한다고 본다. 교사와 학생사이에 교육과정이라는 내용을 놓고 밀도 높은 상호작용을 함으로써 질 높은 교육이 이루어진다. 그래서 (1) 교사와 (2) 학생 (3) 교육과정과 (4) 교육환경은 교육의 질을 좌우하는 중요한 요소이다.

그런데 교육이란 열쇠를 찾아야 할 교실이 등한시 되고 있다. 교실로 들어오는 수도관이란 관은 모두 낡아서 교실까지 오는 동안 교육재정이 모두 누수 되어 교실에 떨어지는 돈방울은 얼마 되지 않는다. 가장 보호받아야 할 어린이와 청소년들이 생활하는 교실은 아직도 춥고, 덥고, 어둡고, 소음과 먼지에 시달리는 소외지역이 되어버렸다. 국민소득 3만불은 교실 밖에나 해당되는 이야기이고, 갈비집이나 무슨 가든 에서나 하는 소리이고, 교실 안은 19세기라고 비아냥과 조소를 받고 있는 것을 경제부처 사람들은 모르는 모양이다. 그들도 그들의 자녀를 교실에 보내고 있을 텐데……

교사들도 귀중한 열쇠가 있는 교실과 학생들 곁을 될 수만 있으면 일찍 떠나려 하고, 또 될 수만 있으면 교실에서 멀어지려고 한다. 교실에 있으면 손해나고, 심지어는 아들 딸 결혼시키는데도 지장이 있다고 생각되기 때문이다. 교장·교감·장학사가 되어 교실과 아이들로부터 멀어져야 성공하는 길로 생각하게 되었다. 하다못해 파견이라도 나가야 뭔가 하는 것 같이 느껴진다. 그러니까 교장도 전문성 없이 돌려가면서 해먹고 임기를 정하여 쫓아내야 한다는 논리가 통하게 되었다.

그렇게 해놓고는 도저히 교육의 열쇠를 찾을 수 없다고 본다. 열쇠가 있을 법한 교실을 중심에 놓고 보는 사고의 전환이 절실히 요구된다. 학생을 위해서 교사가 있고, 교사를 도와주기 위해서 교장·교감·장학사가 있고, 학교를 위해서 교육청과 교육부기 존재한다는 생각을 갖고 이를 실천에 옮겨야 한다. 마치 태양을 중심으로 수많은 떠돌이별들이 돌듯이 아동·학생과 교사, 수업, 교실을 태양처럼 구심점으로 하여 교장, 교감, 학교, 교육청, 교육부가 동심원을 그리며 돌게 해주는 교육재정과 교육행정이 되어야 한다. 학생과 수업으로부터 멀리 떨어져 있는 사람의 목청이 높고 휘두르는 것이 많아 가지고는 교육이 제대로 되기 어렵다. 교실과 멀리 떨어진 곳에서 아무리 떠들어대도 교사가 교실에 들어가고 나서 문을 닫아버리면 그만이다. 전자제품은 원격조정(remote control)이 유행이지만 교실에서는 원격조종으로 성공할 수 없는 것이다.

학생과 교사, 교실이 너무 많아서 한도 끝도 없다고 투자와 관심을 계속 뒤로 미루면 영원히 우리는 뒤쳐지고 만다. 거꾸로 된 사고방식을 계속 고집하지 말고 하루라도 빨리 바로잡기 위해 나서야 할 때다. 꿀단지를 교실에 놔둬야 한다. 꿀단지가 교실에 있는 한 사람들은 교실로부터 멀어지거나 떠나려 하지 않고 오히려 꿀이 있는 교실로 모여들게 된다. 그러면 잃어버린 교육의 열쇠는 거기서 찾게 될 것이다.

교육은 출발이자 최후의 보루

다 불태워도 좋은데 그 중에 하나만 보존해 준다고 보장해 주시오

유태인들은 서기 70년경에 민족의 시련기를 맞는다. 국토를 다 로마 군인들에게 점령당하여 유린당하고 초토화 되고 겨우 예루살렘 성 하나만 겹겹이 포위당한 상태로 남겨놓고 있었다. 나라의 운명이 바람 앞의 등불과 같은 처지였다. 로마 군인들도 일격에 점령할 수 있지만 막다른 골목에서 너무 다그치는 것이 현명한 전법이 아니라고 생각하여 여유를 갖고 기회만을 노리고 있었다.

유태인들도 나라가 망한다는 것을 기정사실로 받아들이고 있었다. 단지 나라의 운명, 나라의 임종을 어떤 행태로 맞이하느냐가 하나의 관심사가 될 뿐이다. 포위당한 예루살렘성내 한 곳에서는 유태인 지도자들이 모여 이마를 맞대고 숙의에 숙의를 거듭하고 있었다. 이런 궁지에서 유태인들이 살아남기 위해서 어떻게 해야 하느냐의 문제를 놓고 쉬는 시간도 없이 지도자 회의가 계속되고 있었다. 그래도 당시 유태인들은 이 지도자회의에 희미한 마지막 희망을 걸고 있었다. 그래도 “우리 지도자들이 현명한 안을 내놓겠지”하는 한 가닥 희망을 버리지 않고 결론이 나기를 기다리고 있었다. 그런데 이런 기다림도

헛되게 성 안에 소문이 퍼지기 시작했다. 그 지도자회의를 주재하는 지도자 중의 시도자격인 요하닌 벤 지키이가 돌이킬 수 없는 중병에 걸렸다는 좋지 않은 소문이었다. 성안은 온통 슬픔으로 가득 차게 되었다. 그러더니 얼마 후에 드디어 요하난 벤 자카이가 돌아가셨다는 소문이 삽시간에 성 안에 퍼졌다. 하느님을 믿는 유태인들이 하느님을 원망하게 되었다. "도대체 우리 민족이 무슨 죄지은 일을 했기에 이러한 나라의 위기에 마지막 희망을 걸었던 지도자회의를 이끌어가는 지도자마저 돌아가시게 하는가?" 성안이 모두 울음바다가 되었다.

얼마 후에 요하난 벤 자카이의 장의 행렬이 성 밖으로 나가려 한다. 말할 것도 없이 포위하고 있는 로마 군인들과 맞부딪치게 되었다. "이게 뭐요?" "당신들은 우리 지도자가 돌아가신 것을 모르시오? 성 안에 묘지가 없어 밖으로 나가야겠소." "안 돼요, 성 밖으론 개미새끼 한 마리 못 나가요." "그럼 어떡하란 말이요? 시체를 성 안에 썩히란 말이오?" 로마 군인들도 난처하게 되었다. 로마 군인들은 관 뚜껑을 열어보자고 하였으나 유태인들은 유태 풍습에 시체에 손을 대지 못하게 되어있다고 버티었다. 또 군인들은 관을 칼로 찔러 보자고 하였다. 유태인들은 그것은 더더구나 안 된다고 맞섰다. 유태 풍습에 시체에 칼을 대게 되어있지 않으며, 아무리 약자이지만 돌아가신 분을 칼로 찔러 두 번 돌아가시게 할 수 없다고 계속 버티었다. 할 수 없이 로마 군인들은 철저한 몸수색을 해보고 무기가 발견되지 않으므로 장의행렬을 최소한으로 줄여서 성 밖으로 내보냈다.

그동안 중병에 걸렸다는 소문과 백성들의 울음바다를 철저히 믿은 셈이다.

새벽녘에 도달한 묘지에서는 살아있는 요하난 벤 자카이가 관속에서 나온 것이다. 죽음을 각오하고 사선의 포위망을 뚫고 지도자가 성 밖으로 나온 것이다. 그 길로 로마군 숙소로 달려갔다. 당시 로마군 사령관은 베시파시안으로 유태 지도자가 만나자는 요청에 그 일을 중대한 일로 파악하고 자리에서 일어나 만났다고 한다.

유태인 지도자 요하난 벤 자카이의 첫 마디가 "황제 폐하……"였다. 군사령관은 놀라서 "나는 일개 군 사령관이지 황제가 아니오. 우리 황제는 로마에 계시오." "아니오. 당신은 곧 황제가 될 것입니다." 베시파시안은 황제가 된다는 데 별로 기분이 나쁠 리가 없었다. "황제 폐하, 마지막 부탁 하나 하러 왔소. 우리가 망한다는 것은 뻔한 사실이오. 예루살렘성이 함락당하면 또 다른 곳처럼 불태워지고 파괴당할 것이오. 어쩔 수 없는 일이죠. 그런데 다 불태워도 좋은데 그 중에 하나만 보존해 준다고 보장해 주시오." 망하는 나라의 지도자가 적 장군, 아니 황제가 될 사람에게 마지막으로 무얼 부탁했겠는가? "그게 뭐요? 마지막까지 보존해 달라는 게? 아 당신 어머니를 살려달라고?" "그게 아니오." "그럼 뭐? 음, 당신들이 숭상하는 사원, 성당을 불태우지 말고 남겨달라는 거겠지?" "아니오, 집 한 칸만을 보존해 주시오. 집 한 칸이래야 20명 사람이 들어가면 꽉 차는 방 한 칸이오. 그리고 그 안에서 이루어지는 활동까지 보장해 주시오."

이 방 한 칸이 무엇인가? 그것이 바로 학교이다. 국가는 망하더라도 20명씩 랍비를 계속 길러내어 유태정신을 계승하면 유태인은 언젠가는 다시 살아남을 수 있다는 것이 포위망에 갇힌 유태 지도자회의의 최종 결론이었던 것이다. 나라를 잃고

2천 년 간 지구의 모퉁이 모퉁이에서 갖은 고난과 시련을 겪던 유태인은 다시 모여 이스라엘이라는 나라를 세운 것이다.

교육은 국가를 지키는 최후의 보루이다. 잃은 나라를 찾는 마지막도 교육이다. 그래서 독일의 피히테는 "독일 국민에게 고함"에서 나라를 잃은 것이 교육을 잘못했기 때문이라 했고 개선장군 몰트케는 국민의 환영 답사에서" 우리가 전쟁에서 이긴 것은 군인들이 잘 싸워서가 아니라 선생님들이 잘 가르쳤기 때문"이라고 하였던 것이다. 우리나라가 남과 북으로 두 동강이가 난 것을 무엇으로 통일을 할 것인가? 군사력으로? 경제력으로? 결국은 교육의 힘에 달려있다고 본다.

군인이 정치 쪽으로 눈을 돌리고, 경찰도 믿을 수 없다고 하고, 판·검사도 양심을 잃고 있다고 한다. 그러면 국민들은 누구에게 마지막 희망을 걸 것인가? 성직자와 교직자이다. 성직자와 교직자는 국가를 지키는 최후의 보루이다. 성직자와 교직자가 무너지면 끝장이다.

우리 교육자가 이렇게 중요한 일을 맡고 있다는 데 보람과 긍지를 갖지 않을 수 없다. 비록 사회 경제적 대우를 제대로 안 해주더라도 우리는 막중한 일을 하고 있다는데 떳떳하게 우뚝 서야 한다.

교육은 국가를 지키는 마지막 요새인 동시에 모든 것의 출발점이다. 교육이 잘 돼야 기술자도 일을 제대로 하고 기업 경영자도 올바로 산업과 경제를 일으킨다. 밑바탕 교육이 제대로 돼야 정치인도 거짓말을 않고 국민을 속이지 않는다. 그래서 교육은 모든 것의 출발이다. 출발이 제대로 되면 마지막 요새를 생각할 필요가 근본적으로 없어진다.

오죽했으면 "우리가 정말 알아야 할 것은 유치원에서 다 배었다"는 책까지 썼겠는가? 교육이 출발이라고 했지만 출발 중에서도 출발인 초등교육이 더 중요한 것이다. 유치원, 초등학교 1, 2학년에서 가르친 정직, 근면, 질서, 책임, 준법, 협동, 성실, 검소, 노력 등등에서 어떤 하나만 철저히 제대로 가르쳤어도 어른들의 정치적 쇼를 구경하지 않아도 되었을 것이다.

교육 소화력

ABCD도 모르는 아이를 미국 학교의 6학년에 입학시켜야 하는
부모의 심정은 이루 말로 표현할 길이 없었다.

엄마 아빠가 다 장사 나가기 때문에 아이 교육을 망쳤다고
한다. 가정에서 아이들 교육과 숙제를 보살펴 주지 않아서 아
이 교육을 버렸다고 한다. 때로는 선생님들이 "아이들 한글도
안 가르쳐서 학교에 보낸다"고 그 가정을 결손 가정이라고
비난하는 소리가 들린다.

그러면 학교에서는 무엇을 하겠다는 것인가? 한글도 다 가
정에서 가르쳐 보내고 숙제도 다 검사해서 확인해주면 학교
에서 교사는 한글 해독 여부만을 확인만 하고 숙제 내주는
일만 하면 된단 말인가? 그런데도 우리나라에서 부모들이 아
이들을 학교에 보낼 때는 "이제 내 자식을 선생님께 맡긴다"
는 말을 들을 때마다 겁나지 않을 수 없다. 무얼 믿고 자식을
맡긴다는 것인지 두렵지 않을 수 없다. 그러면서도 선생님은
가정에서 자녀교육을 보살펴주지 않는다고 가정을 비난하고,
자식을 맡긴다고 말했던 부모들은 학교교육을 참견하고 또
학교교육을 비난하고, 또 학교교육만으로는 믿을 수 없다고
하며 과외학원에 아이들을 보내게 된다. 학교와 가정 사이에

믿음이 형성되지 못하고 불신 속에서 서로가 비난하는 꼴이 되었다. 많은 학생을 가르치다 보면 정말 가정에서 보살펴 주지 않으면 초등학교 6년 동안 한글도 깨치지 못하는 아이가 나오고 숙제를 확인해 주지 못해서 숙제한 것을 맞은 것으로 생각하여 그릇된 지식을 갖게 하는 경우도 있다. 그러나 원칙적으로 학교는 가정의 도움 없이도 가르칠 것은 가르쳐내놔야 한다. 가정의 도움 없이 학교가 할 것은 한다는 전제 하에 출발해야 한다. 한글을 안 가르쳐 보내고 숙제를 안 봐준다는 것을 전제로 해놓고 학교교육을 시작해야 한다.

필자가 미국 유학으로 아이를 미국 초등학교에 전학을 시키게 되었다. ABCD도 모르는 아이를 미국 학교의 6학년에 입학시켜야 하는 부모의 심정은 이루 말로 표현할 길이 없었다. 미국에서 공부시킬 계획을 했었더라면 그야말로 ABCD라도 가르쳐 놓을 걸 그랬다는 후회도 났었다. 한국에서 공부 잘하던 내 아이는 갑자기 벙어리가 되고 장님이 된 것이다. 입학시키던 날 교장은 어느 반에 넣고 싶으냐고 부모인 필자의 의견을 물었다. 부모에게 반의 선택권을 주는 것이다. 6학년의 각 반의 프로그램이 다르고 가르치는 방식이 다르다는 것이었다. 마치 음식점에서 몇 가지 메뉴가 준비되어 있는데 손님의 입맛에 맞는 것을 선택하여 골라먹으라는 것이었다. 교장과 상의하여 한국의 상황과 가장 비슷한 학급담임제를 하는 반에 입학시켰다. 학급담임이라도 물론 예능 교과와 특수한 몇 개 교과목은 교과담임제를 하고 있었다.

반에 안내되어 담임교사를 만났다. 필자는 부모의 걱정을 늘어놓기 시작하였다. 내 아이는 ABCD도 모르고, 영어 한 마디도 들을 줄도 모르고 할 줄도 모른다고 말했다. 물론 학교 건물도 모르고 근처의 지리에 대해서도 모른다고 설명해 줬다. 담임교사는 한 마디로 "no problem"이라는 것이었다. 밝은 웃음으로 맞이하면서 문제없으니 걱정 말라는 것이었다. 미국의 한 아이를 짝으로 해줄 테니 짝이 된 그 미국인 아이가 하는 대로 따라 다니면서 하라고 한국말로 일러주고는 걱정 말고 돌아가라고 하였다. 너무나 어처구니없는 노릇이었다. 이런 내 아이를 어떻게 가르치려고 걱정도 말라는 것인가? 골치 아픈 아이가 왔다거나 귀찮은 아이가 왔다고 난색을 표하는 눈치도 하나도 없으니 필자가 볼 때는 어이없는 노릇이었다. 담임교사의 "문제없다", "걱정 말라"는 말이 도저히 미덥지가 않았다.

그러더니 그 교사는 해냈다. 우선 아이가 학교 가기를 좋아했다. 또 몇 개월이 지나자 ESL(English as Secondary Language)이 더 이상 필요 없다고 하고, 한국의 전래동화를 내 아이가 미국말로 수업 중에 들려주는 사진 장면이 교육청 달력에 실리기도 하고, 수학은 미국 아이들이 물어볼 정도가 되었다. 필자는 이런 현상을 미국 "교육의 소화력"이라고 부른다. 소가 그 거친 풀을 다 뜯어 먹고도 모두 소화해내듯이 말도 하지 못하고 듣지도 못하던 아이들을 모두 가르쳐 내놓는 것이다. 미국의 유명한 대학 근처에 있는 초등학교는 국제 학교나 마찬가지이다. 세계 각처에서 모인 유학생들의 자녀가 모두 모여든 학교이기 때문이다. 언어뿐만 아니라 문화와 풍습, 습관이 다른 아이들을 다 훌륭히 가르쳐 내놓는 미국 교육의 소화력과 저력에 감탄하지 않을 수 없다.

전학 서류가 미비하다고 전학을 안 받아주면 어떻게 하나 하고 걱정하던 필자에게 어떤 반에 넣겠느냐고 물어보며 반과 선생님을 선택하라고 하던 미국 교장, 말을 듣지도 하지도 못하고 읽지도 못하던 골치 아픈 아이를 데리고 가도 문제없다고 걱정 말라던 담임교사의 모습이 지금도 눈에 선하다. 남의 나라 아이들도, 거친 아이들도 무상으로 거뜬히 교육해놓는 그 소화력에 감탄하지 않을 수 없다. 그런데 과거 한국에서는 어떤가? 전학서류가 미비하다고 몇 번 걸음하기가 십상이고, 행여 성적이라도 나쁜 아이가 자기 반에 배정되면 당사자 앞에서 노골적으로 얼굴 찡그리기 일쑤인 형편이다.

필자의 둘째 아이는 미국에서 1학년 다니다가 한국에 돌아와서 1학년에 전학했다. 남의 나라 미국에서 그렇게 학교 가기를 좋아하던 아이가 자기 나라 조국에 돌아와서는 말도 잘 통해서 좋으련만 아침마다 학교 안 가겠다고 야단이니 부모의 마음이 미어질 듯 터질 듯했다. 자기 나라에 돌아와서 활기 펴야할 애가 마치 도살장에 끌려가는 동물처럼 억지로 학교에 보내야 하니 부모의 마음이 오죽하겠는가?

어떤 나라의 의사는 환자를 만나면 안심시키는 일부터 시작한다. 그런데 우리나라의 어떤 의사는 환자에게 겁부터 준다. 교사가 새 학생을 만나면 우선 편안한 마음을 갖도록 해주고 나서 새로운 관계를 시작해 보자고 해야 할 것이다. 어떻게 학생이 다 공부 잘 하고 말 잘 듣고, 몸 튼튼할 수만 있는가? 이해가 느린 아이도, 말썽꾸러기도, 갖출 것을 갖추지 못한 아이도 있을 수 있다는 전제하에서 시작해야 할 것이다. 우리는 아이들을 보고 편식하지 말라고 가르친다. 마찬가지로 교사도 입에 맞는 아이만 가르치려고 해서는 안 될 것이다. 교사는 이런 아이들이 있기에 존재하는 것이고 이런 아이들을 소화해 내야 하기 때문에 전문직인 것이다. 이렇게 어려운 아이들, 교사에게 골치 아픈 아이들을 위해서 봉사해야겠다는 자세가 필요하다. 봉사한나는 마음을 갖고 일할 때 보람과 재미를 너 느낄 수 있다. 고상한 봉사정신을 언급하지 않는다고 하더라도 최소한 프로정신이 있어야 한다. 나에게 주어진 어떤 아이라도 가르쳐내는 것이 내 직업이라는 의식이 있어야 한다. 선진국에서는 장애자와 특수아도 정상인 학급에서 가르치고 있다. 이것을 mainstreaming이라고 한다. 이런 경우 교사 전원이 특수교사인 것이다. 특수아로 분류되지 않는 아이들까지 일찌감치 포기하고 가정과 아이들을 비난하고 나무라는 우리의 교육은 언제나 선진국을 따라갈지 모르겠다. 영어를 엊그제 배우기 시작한 중1년생도 영어시간을 포기하고 딴 짓하는 경우가 많다. 이런 학생들을 어떻게 소화시킬 것인가를 먼저 생각해야 할 것이다. 교사는 우선 자신이 가르치는 교과목을 좋아하게 만들고 가르치는 교사 자신을 좋아하고 따르게 하는 일부터 시작해야 할 것이다.

교육행정부서는 교사로 하여금 담당하는 학생과 교과를 소화해낼 수 있는 교육여건을 만들어 줘야 할 것이다. 아무리 귀신같은 교사라고 하더라도 과거 50~60명 학생을 모두 만족할만한 수준까지 가르칠 수는 없다. 학급당 학생 수를 계속 줄여나가지 않으면 안 된다. 다음은 교사의 근무부담을 줄여나가지 않으면 교사들의 교육 소화력이 향상되기 어렵다. 주당 24~32시간을 가르치라고 하면 교사들이 도대체 이 시간을 어떻게 충실히 가르칠 수 있겠는가? 그야말로 시간 때우기도 어렵다. 교재 연구하고 개별 상담할 시간을 도저히 빼낼 수가 없다. 수업 마치고 청소 지도하고 나면 근무시간이 끝나는 경우가 거의 대부분이다. 교사는 수업시간만 담당하는 게 아니다. 각종 사무와 잡무를 처리해야 한다. 잡무가 우선시되고 강조되다 보면 결국 수업까지 희생당하게 되고 교사의 교육 소화력은 약화되지 않을 수 없다. 교사로 하여금 소화해낼 수 있는 정도의 학생 수, 수업시간, 사무부담을 갖도록 정부가 교육여건을 획기적으로 개선해주지 않으면 교사들은 만성 교육소화불량에 시달리지 않을 수 없다.

냉혹한 교육의 국제 질 경쟁에 앞서 우선 우리나라의 최소한의 교육소화력을 진단하길 권고한다. 터무니없는 선진국 타령에 들뜨지 말고 차분하게 우리 교육의 현실을 확인하고 발전시켜 나가야겠다.

교육 농사

젊은이가 10년만 과학적으로 연구하면 뭐 되지 않겠느냐고
노스님은 한마디 우리에게 의견을 묻는다.

　동료 교수들과 함께 합천 해인사를 방문했을 때의 이야기
이다. 비가 부슬부슬 내리는 날 8만대장경이 보존되어 있는
대장각에 막 당도하자 위에서부터 내려오시던 어떤 노스님과
마주치게 되었다.
　노스님은 우리 일행을 보자 누구한테서 8만대장경이나 해
인사에 대해서 무슨 안내나 설명을 들었느냐고 물었다. 일행
중 누군가 그렇지 않고 막 도착하여 올라오는 길이라고 하자,
그럼 추녀 밑에 서 보라고 하였다.
　무언가 설명을 하려고 하다가 우리 보고 어디서 왔느냐고
다시 물었다. 대학에서 왔다고 하니까 "아, 교수님들이시구만.
그럼, 8만대장경에 대해서는 잘 아실 것이니 뭐 더 이상 설명
이 필요 없을 것이고, 그럼 '보고도 못 보는' 이야기나 하지
요." 하면서 보고도 못 보는 것 세 가지 이야기를 시작하였다.
　하루에도 수많은 관광객이 이곳을 찾아오지만 자기들이 지나
다니는 바로 머리 위 다락에 무엇이 있는지 보고도 보지 못하고
있는 것 같다고 하면서 대장각 중앙 다락에 8만대장경을 인쇄하

여 싸놓고 커튼으로 예쁘게 가려 놓은 것을 가리키고 있었다.

무엇이 그리 바쁜지 이리저리 정신없이 헐레벌떡 쏘다니다가 거기 있는 8만대장경 인쇄본에는 막상 눈길 한번 제대로 돌리는 사람이 없어 안타깝다는 것이다. 정작 봐야 할 것을 보지 못하고 돌아다니기에 바쁜 현대인의 단면을 지적하는 것 같았다.

그 다음으로는 대장경각을 지어 놓은 기초토대인 토방을 수많은 사람들이 밟고 돌아다녀도 그 많은 사람들이 자신이 지금 무엇을 밟고 다니는지 모르는 것 같다고 하면서 바로 당신이 서 있는 흙바닥을 가리켰다. 대부분의 현대 집들 같으면 시멘트가 발라져 있을 텐데 그곳은 흙바닥이었다.

그 대장경각을 지을 때 그때 그대로라는 것이다. 필자의 기억이 확실치는 않은데 그 집을 지은 지 6백년인가 7백년 되었다는데 지금도 금하나 갈라지지 않았다는 것이다. 단단하다는 시멘트를 발랐더라면 아마 수십 번, 수백 번, 개수했을 것이라는 것이다. 무슨 비법을 썼길래 6, 7백 년 전에 다져놓은 흙이 금하나 갈라지지 않고 그대로 있는지 당신도 모르겠다는 것이다.

그런데 관광객들은 무엇을 밟고 다니는 조차 전연 의식하지 못하면서 건성으로 돌아다니고 있어 안타깝다는 것이다. 필자 자신도 자신이 밟고 다닌 그 곳이 흙바닥이란 사실조차 몰랐었다. 정말 이 그 노스님의 설명을 못 들었더라면 그 곳을 수십 번 갔어도 그런 사실을 영원히 모를 번 하였다.

마지막으로 많은 사람들이 보고도 보지 못하는 것을 설명해 나가면서 8만대장경이 보존되고 있는 집 안을 가리켰다. 밖은 작대기 같은 나무를 세로로 세워 드문드문 창살을 만들고 안에는 마치 책꽂이처럼 선반을 만들고 그 위에 8만 대장경판을 책을 꽂듯이 약간 경사지게 쭉 꽂아놓은 것이 밖에서도 다 보였다.

필자는 좀 일찍 도착하여 대장경각의 토방을 밟고 한 바퀴 둘러사면서 국가의 보물을 너무 허술하게 보존하고 있구나 하는 느낌을 가졌었다. 작대기 크기의 창살을 잡아 당기기만 해도 부러질 것 같았고 창살 하나만 부러뜨리면 충분히 어른도 안으로 들어갈 수 있을 것 같이 허술해 보였다.

그런데 노스님의 설명은 그 도난 위험이 초점이 아니었다. 그 창살 틈으로 쥐도 들어가고 다람쥐도 들어갈 수 있을 텐데 전연 그런 일이 없다는 것이다. 노스님도 무슨 조화인지 알 수 없다는 설명이다.

그런데 아무도 이런 점에 대하여 의심을 갖거나 관심을 나타내는 사람도 없고 보존에 대하여 질문하는 사람도 없고 주의 깊게 보는 것 같지도 않다고 한다.

정부에서 몇 억 원을 들여 최신의 과학적 공법을 써서 새로 대장경각을 지어줘 막상 옮기려 했더니 습기가 차고 하여 6, 7백 년 전에 지은 이 집만 못하여 옮기지 못하고 새로 지은 집을 스님들 공부방으로 쓰고 있으니 이제 해인사 물건 됐다고 하면서 쓴웃음을 짓는다.

어차피 현재의 그곳에서는 대장경을 영구히 보존할 수 없을 것 같고 누군가는 연구하여 영구보존할 새로운 집을 지어야 할 텐데 걱정이라고 한다. 당신은 이제 늙어 안 될 것 같고 누군가 젊은이가 덤벼야 할 텐데 아무도 젊음을 여기에 투자하겠다는 사람이 없다는 한탄이다. 젊은이가 10년만 과학적으로 연구하면 뭐 되지 않겠느냐고 노스님은 한마디 우리에게 의견을 묻는다. 노스님은 한마디 덧붙인다.

“글쎄, 과학, 인력만 갖고 되겠어요? 인력에 더하여 불력도 합쳐야겠지요.”

어려운 일에, 아무도 알아주지 않는 일에 인생의 황금기 10년을 투자할 젊은이들을 여기저기서 찾고 있다. 그러나 여기에 응할 젊은이들이 흔치 않은 것 같다.

그래도 어떤 일을 하여 성공을 하려면 최소한 10년은 바쳐야하는 것이 아마 기본일 것 같다. 그런데 우리는 너무 성급하다. 단번에 어떤 결말을 보려고 한다. 한국인의 성급함이 여기저기서 결점으로 노출되고 있다.

교육이라는 농사도 최소한 10년은 내다봐야 한다. 초등교육의 경우 20, 30年 후에나 수확을 거두게 될 지도 모른다. 그런데 당장의 성적에 너무 급급하고, 당장의 입시에 우리의 교육이 온통 들끓고 있으니 문제이다. 교육적 에너지를 문제풀이에 허비하고 있는 것 같다.

그전에 미국 조지아 주 어느 고등학교에 유명한 수학 선생님이 있었다. 미국 고등학교 전체에서 그 수학 선생님이 가르친 학생들이 수학 경시대회에서 상위 집단을 차지했기 때문이다. 그래서 그녀는 최고의 수학교사로 알려졌다.

그런데 몇 년이 지난 후 한 연구자(journalist)가 따라붙어 추적연구를 하였다. 수학 경시대회에서 우수한 성적을 거두었던 학생들이 대학을 거쳐 사회에 나가서 어디서 무엇을 하고 있는지 추적해 본 것이다. 그 반 학생들 중 몇몇이 대학에서 수학을 전공으로 하고, 몇 명이 위대한 수학가가 되고, 몇 명이 우주프로그램에 종사하고, 몇 명이 다른 일로 수학에 기여하고 있는지 파악하기 위하여 그녀의 제자들을 추적해 나간 것이다.

그런데 놀랍게도 한 명도 수학 전공자가 없고, 수학과 관련된 일을 하는 사람도 없더라는 것이다. 연구자가 고등학교 시절에 수학 실력이 우수해서 이름을 날렸었는데 왜 수학을 전공하지 않고, 수학과 관련된 직업을 갖지 않았느냐고 질문하면, "수학이요? 그거 지겨운 겁니다. 골치 아픈 것입니다. 내가 왜 그걸 전공합니까?"라고 대답하더라는 것이다.

그 유명한 수학교사는 성적을 올리는 데는 귀신이었지만 다른 한편으로 수학을 싫어하도록 가르치고, 아니면 최소한 수학을 더 추구하도록 좋아하게 하지 못했던 것이다.

교육의 효과는 당장 성적으로 나타나는 것만 확실한 증거라고 믿어도 안 된다. 좀 더 먼눈으로 보아야 한다.

시골의 농부는 1년 단위의 농사를 짓는다. 열심히 밭 갈고, 씨 뿌리고, 김매고, 거름 주면, 그리고 하늘만 노하지 않으면 분명 가을에는 황금물결 치는 들판을 바라보게 된다.

그러나 교육이라는 농사는 최소한 10년을 단위로 보아야 한다.

멀리 보면 멀리 보는 눈이 발달한다. 섬에서 나서 섬에서 자란 섬사람은 어려서부터 망망대해를 보면서 자라났기 때문에 육지 사람들보다 더 멀리 볼 수 있다고 한다. 우리 교육자도, 교육행정가도 섬사람들처럼 멀리 보는 안목을 길러야 할 것이다. 특히 새로이 교사가 되고, 새로이 교육행정가가 된 사람은 빨리 유명해지고 싶고, 당장 노력의 결과를 보고 싶어 서두르고 싶은 충동과 유혹을 받는다. 그래서 이상야릇한 것을 시도하여 매스컴을 타고 싶은 생각도 가질 수 있다.

그러나 하는 일이 식물이나 동물을 키우고 기계나 물건을 다루는 일이 아니라 인간교육을 한다는 점을 생각해야 한다. 좀 더 멀리 보고 인간의 성장과정에서 자기가 담당한 시기에 필요한 교육을 착실히 해내면 그만이다. 앞에서 가르친 사람을 비난하거나 뒤로 미루지 말고 그 시기에 해야 할 일만 하고 그 결과 10년 후에나 멀리서 지켜보게 될 것이라고 생각해야 할 것이다.

교육대통령 부시는 "아메리카 2000"을 89년에 제시하였다. 겁도 없이 말로만 "21세기를 주도하는 한국인"을 기른다고 떠들어대지 말고 한 시간 한 시간의 수업을 통해서 착실하게 10년을 투자하기로 하자. 인간교육자가 농부만큼도 기다릴 줄 몰라서야 되겠는가? 우리가 10년만 착실하게 교육 투자를 하면 우리가 가르친 학생들은 결코 우리를 실망시키지 않을 것이다.

옥스퍼드 맨

자기 생각을 만들고 남이 생각하지 않거나 덜 생각한
분야에 용기를 가지고 도전하여 창의·발명할 때 승산이 있다.

오래 전에 일본의 한 학생이 영국의 명문 옥스퍼드(Oxford) 대학에 합격하여 입학하였다고 한다. 이 일본 학생은 일본의 명예와 자존심을 걸고 열심히 공부하여 뭔가 실력을 보여주고 싶었다.

우선 교수의 강의는 철저히 듣고 반드시 노트를 하였다. 교수의 사투리까지 하나도 빼놓지 않고 정확하게 적고, 심지어는 칠판에 쓰는 오자까지도 빼놓지 않고 적고 녹음까지도 하였다. 교수가 정해준 교과서는 물론 모두 다 외우다시피 하고 다른 참고문헌, 보충교재까지도 빼놓지 않고 철저히 이 잡듯이 공부했다.

이렇게 공부했기 때문에 시험문제도 낯선 문제는 하나도 없어서 아주 쉽게 빈틈없이 깨알같이 잘 쓸 수 있었다. 교수가 강의에서 말한 이론과 교과서의 여러 학자들의 이론도 모두 동원하여 완벽하게 시험 답안지를 작성하였다.

열심히 노력한 사람은 그 결과에 대하여 궁금한 법이다. 다른 학생들이 방학으로 모두 캠퍼스를 떠났는데 이 일본 학생은 시험결과가 나오길 기다리며 캠퍼스를 떠나지 못하고 거의 매일같이 교수 연구실 앞의 게시판을 확인하고 다녔다.

드디어 자기가 택한 코스의 성적표가 게시판에 나붙었다.

그런데 이상한 일이었다. 몇 번씩 확인해 봐도 자신의 이름을 찾아볼 수가 없었다. 성적은 고사하고 자기의 이름 자체가 없었다. 무슨 착오가 일어난 것같이 생각되었다. 교수가 실수로 자기의 이름을 빠트린 것으로 생각되었다. 교수가 연구실에 나오길 기다려 면담하기에 이르렀다.

"교수님, 제가 교수님 강의를 수강한 것 기억하시죠? 교수님 강의도 열심히 듣고, 시험도 다 잘 보고, 해내라는 과제물도 모두 다 해냈는데 성적표에 제 이름이 빠졌으니 어찌된 일입니까?"

"그래요, 시험 답안지도 있고 과제물도 다 있는데, 학생 ○○○는 없었어요."

"아니, 교수님, 시험지와 과제물이 다 있는데 제가 없다니요?"

"시험지와 과제물을 아무리 읽어봐도 교수인 내 이야기와, 다른 여러 학자들 얘기, 남의 얘기는 많이 있어도 학생 자신의 생각은 하나도 찾아볼 수 없었어요. 그러니 시험지와 과제물 리포트는 있어도 학생 자신은 없는 거요. 대학생 정도라면 자신의 생각도 있어야 하고, 남의 것을 베껴오더라도 자신이 종합하든가, 분류를 하든가, 비판을 첨가하든가 해야지, 남의 얘기만 쭉 늘어놓으면 무엇을 공부한 것입니까? 우리 '옥스퍼드 맨'은 그런 사람을 원하지 않아요."

일본과 영국의 공부하는 방법과 학생에 대한 기대가 완전히 다르다는 것을 단적으로 지적해주는 좋은 예이다. 그래서 이 일본학생은 다음 학기에 그 과목을 다시 공부하여 학점을 따냈다고 한다.

그럼 한국 대학생들은 어떻게 공부하는가? 일본 학생 방식도 못되는 것 같다. 일본 학생들처럼 교수가 시키는 대로 철저히 따르는 것도 아니고, 영국 학생들처럼 자기 주도적으로 자신의 생각과 비판, 창의를 키우는 것도 아니다. 암기하고 베끼는 한이 있더라도 일본 학생들처럼 '철저'하기라도 했으면 좋겠다.

한 학기 공부하면서 교과서도 노트도 없이 덜렁덜렁 왔다 갔다 하다가 시험 때가 되면 남의 노트 좀 복사해서 써 먹고는 시험 끝나는 날 시험장에 그냥 팽개쳐 내버리고 나가버린다. 남의 노트 복사한 복사물에 애정이 있을 리 없다. 이렇게 해도 학점이 나오고 졸업을 하는 것을 보면 그 교수에 그 학생이 아니라 그 학생에 그 교수인가 보다.

시험 답안지를 읽다 보면 모두가 거의 비슷한 내용이어서 읽기 싫증이 난다. 같은 노트, 같은 교과서에 있는 문구를 그대로 외워서 쓰다시피 하기 때문에 시험 답안지가 거의 같다. 한두 마디 자기 생각을 써 넣은 답안지를 보면 그렇게 반가울 수가 없다. 그 답안지는 훨씬 돋보인다. 과제물도 마찬가지이다. 창의적으로 작성해 낼 때 빛이 나고 값이 올라간다. 너무나 지나치게 약은 학생은 남의 과제물 컴퓨터 디스켓을 살짝 빌려 글자 크기를 달리하고 페이지나 편집을 달리하여 표지만 자기 이름으로 바꾸어내기도 한다.

숙제나 과제물도 교수의 처리능력이 없으면 차라리 안 내줌만 못하다. 거짓말 하는 학생을 키워낼 위험이 있기 때문이다. 생각하여 시험지나 과제물은 작성하지 못하더라도 최소한 학생들로 하여금 거짓말 할 수 있는 기회를 차단해 버리는 것이 낫다.

학생들도 어차피 자기 인생 자기가 살아갈 것이므로 어려서부터 자기 생각을 키워줘야 한다. 부모가 대신 살아주고 인생에 부닥치는 문제를 선생님이 대신 풀어줄 수는 없다. 아주 어렸을 때는 모방과 흡수에 의하여 학습(learning)해 나가지만 중·고등학교를 거쳐 대학에 오면 학습보다는 자기 주체와 탐구하는 연구(study)적 태도의 비중이 높아져야 한다. 혼자 공부해 나가기 어려울 때 학생들은 동료들과 연구 집단(study group)을 만들어 공동으로 문제 해결해 나가는 방법을 많이 쓴다.

우리 학생들도 열심히 공부하는 것만큼은 사실이다. 새벽부터 밤늦게까지 하루 한시 마음 편할 날 없이 책상 앞에 붙어 있는 것이 우리나라 학생들의 실정이다. 또 우리 선생님들도 열심히 학생들을 가르친다. 하루해가 어떻게 지나가는지 모르게 바쁜 사람이 우리 선생님들이다.

그런데 문제는 쓸데없는 일에 열심이고 덜 중요한 일로 바쁘게 만든다는 데 있다. 앞에서 말한 일본 학생처럼 외우고 베끼고 기억하고 정답을 찾는 데 인생의 대부분의 시간을 보내게 하고, 여기에 어린이와 젊은이들의 정력을 다 바치게 하는 데 문제가 있다. 이렇게 해 가지고는 우리가 선진국을 따라잡을 수 없다.

선진국이 만들어 놓은 지식과 산물을 뒤따라가면서 외우게 하는데 학생들을 들볶는다면 우리는 점점 더 뒤쳐질 수밖에 없다. 선진국을 앞지르거나 따라 잡으려면 자기 생각을 만들고 남이 생각하지 않거나 덜 생각한 분야에 용기를 가지고 도전하여 창의·발명할 때 승산이 있다.

옥스퍼드 맨은 교수와 똑같은 생각을 하는 사람을 원하지 않는다.

교사는 자기 자신과 같은 사람을 만들려고 해서는 안 된다. 교사는 과거에 살아왔지만 학생들은 미래에 살 사람들이다. 학생들 보고 날 닮으라고 강요하지 말고 오히려 교사들이 학생을 닮거나 이해하려고 노력하는 편이 더 나을지도 모른다.

사자 새끼는 엄마사자의 젖을 파먹고 재롱을 부리지만 엄마 품을 떠나기 때문에 또 한 마리의 맹수의 왕자로 성장하는 것이다. 발전하는 자는 떠난다. 부모와 선생님과 다른 생각을 함으로써 또 한사람의 어른이 되고 선생님과 쌍벽을 이루는 또 하나의 선생님이 나올 수 있는 것이다.

소크라테스가 파 놓은 샘물을 흠뻑 퍼 마시고 떠났기에 이에 버금가는 또 하나의 플라톤이 나오고 플라톤의 학문의 품을 떠났기에 아리스토텔레스가 나온 것이다. 자신보다 더 훌륭한 자식을 키우고 제자를 길러내는 부모와 교사는 성공적인 삶을 살아온 것이다.

자신의 생각과 이론에 도전하는 제자를 키울 수 있어야 한다. 어떤 동물은 알을 까놓고 스스로 새끼들의 밥이 되어 새끼들을 키우고 죽는다고 한다. 선생님의 생각과 이론을 뛰어넘음으로써 큰 제자를 만들 수 있는지도 모른다. 그러려면 통 큰 선생님이 되어야 할 것이다.

그전에 어느 총장시절인가 미국 하버드대학 총장실에는 거북의 자수그림이 있었다고 한다. 그 거북 옆에는 이런 글귀가 역시 자수로 씌어있었다고 한다. "거북을 보라, 저 거북은 목이 나와야 앞으로 갈 수 있다." 거북이 중에는 목이 갑옷 속에 완전히 숨겨지는 종류가 있고 그렇지 못한 것이 있다고 한다.

그런데 목이 숨겨지는 뱀목거북은 머리가 갑옷 속에 숨겨진 상태로는 앞으로 전진 할 수 없는 모양이다. 목이 갑옷 속에 들어간 상태에서는 자동으로 발도 작동 못하는 모양이다. 목이 두려우면 발전할 수 없다는 이야기이다. 발전하려면 어느 정도의 모험은 기꺼이 감내해야 한다. 실패가 두려우면 발전할 수 없다.

실패 자체가 문제가 아니라 이 실패를 어떻게 자기에게 유리하게 활용하느냐가 중요하다. 실패를 실패로 그치고 말면 그야말로 실패자가 되고 만다. 그러나 과거의 실패를 거울삼아 교육적으로 활용하면 그 실패는 웬만한 성공 이상의 효과를 가져 올 수 있다.

학생들로 하여금 실패가 두려워 시도하지도 못하게 만들어서는 안 된다. 또 실패를 실패로 끝나게 내버려둬서도 안 된다. 실패의 교육적 활용 기회의 포착은 교사의 몫이다.

옥스퍼드 맨은 자기 생각을 원한다. 하버드 맨은 실패를 두려워하지 말라고 한다. 그래서 그런지 이들 출신은 영국과 미국정부의 요소요소에서 중요한 자리를 모두 차지하고 중요한 일들을 해내고 있다. 선생님은 제자들을 어떤 사람이 되라고 강조하여 가르쳐서 그들이 어디서 무엇을 하게 될 것인지 정년퇴임할 때 총결산을 해봐야 할 것이다.

하이테크와 하이터치

인생의 황혼기에 가서, 인간으로 태어나서 주고받은 Touch의
양과 질로 인생 대차대조표를 결산해 보는 것은 어떨런지……

보통 미래사회는 고도기술·고도산업·정보산업사회가 된다
고 한다. 미래가 아니라 이미 이런 사회가 우리 가까이 와 있다.

우리는 모두 농업과 농촌에 뿌리를 두고 있다. 농촌에서 농
사를 지으면서 가난하지만 평화롭고 안정되게 살아왔다. 그러
다가 서구가 먼저 산업혁명으로 산업화되면서 대량생산·대
량소비의 근대 자본주의 사회가 도래케 되었고 이들은 곧 선
진국이 되어 세계를 이끌어 나가기 시작하였다. 『산업화=선
진국』이란 도식이 성립되었던 것이다.

우리는 1960년대에야 비로소 농공병진정책을 쓰기 시작하
였다. 그 덕으로 우리는 1980, 90년대 공업·산업국의 궤도
에 겨우 따라붙게 되었다.

그런데 우리가 공업화 대열에 겨우 들어서자 이제 선진국
들은 산업사회로부터 정보사회로 달아나면서 그린라운드를
내걸고 공해와 환경을 내세우며, 이제 막 산업을 일으키려는
국가들을 견제하고 제재한다.

선진국은 자신들이 산업화를 위해 환경을 파괴하고 공해를
일으킬 때는 아무 소리 않고 있다가 남들이 따라오니까 이런

문제들을 들고 나오는 것이다. 더 심한 것은 지구가 아니라 우주에 인공위성 쓰레기를 모두 버려 우주 환경을 망쳐 놓고는 이에 대하여는 꿀 먹은 벙어리인 것이다. 그러고나서 우리가 인공위성을 쏘아 올릴 때에는 또다시 우주쓰레기 규제 조치를 들고 나오게 될 것이다. 모두가 강자의 논리이다.

어쨌든 앞으로의 사회는 정보와 지식의 사회가 되는 것만큼은 틀림없는 사실이다. 프랑스는 벌써 몇 년 전에 전 가정에 정부가 무료로 컴퓨터를 제공해주고 국민들로 하여금 이 컴퓨터에 의하여 정보생활을 하도록 하였다.

점점 더 정보산업에 종사하는 인구가 늘어나고 있다. 우리가 이 정보사회의 경쟁에서 지게 된다면 영원한 패배자로 전락하고 말게 된다. 공업과 기술에서도 고도기술(Hi-Tech)로 이행해 가고 있다. 육체적인 힘에 의한 기술로는 도저히 경쟁 상대가 되지 않는다.

근로자 인구도 미국은 1950년대에 화이트칼라 숫자가 블루칼라 숫자를 앞지르기 시작했다. 우리는 1990년대 지금에야 그런 현상이 벌어지고 있다.

농업인구도 미국에서는 1.5%~2%가 1억 5천의 전 미국인을 먹여 살리고도 잉여농산물 문제로 골머리를 앓고 있다. 이에 반해 우리는 20~30% 농업인구를 가지고도 농산물을 수입하고 있다(오래전에 쓴 내용임을 감안).

공업제품을 만들더라도 첨단기술에 의하지 않고는 도저히 국제게임에 나설 수 없다. 예를 들어 얼마 전의 걸프전은 완전히 반도체 칩의 전쟁이었다. 칩의 경쟁에서 지면 영원한 낙오자가 되고 만다. 일제 반도체 칩이 아니면 걸프전을 못치를 지경이었다. 전쟁은 미국이 하고 돈은 일본이 번 셈이다.

지구가 하나의 촌락이 되고 우리의 집은 전자오두막이 된다는 말을 우리는 많이 들었다. 안방에서 세계 어디와도 통할 수 있게 된 것이다. 그래서 교통이 복잡하고 시간 걸리는데, 출근할 필요 없이 집에서 근무(재택근무)하고 또 학생은 학교에 갈 필요 없이 대부분 집에서 학습(재택학습)할 수 있게 된다.

영화관이나 극장에도 구태여 갈 필요가 없다. 전자집안에서 혼자 보고 즐길 수 있게 된다. 슬픈 영화를 보게 되면 자기도 모르는 사이에 훌쩍거리며 손수건을 꺼내 눈물을 닦게 된다. 코미디가 나오면 안방에서 자기 혼자 껄껄거리며 무릎을 치고 웃게 된다.

번거롭게 영화관이나 극장에 갈 때 보다는 안방극장이 그렇게 편할 수가 없다. 그래서 선진국에서는 한동안 영화관이나 극장이 잘 안되었다.

그런데 안방에서 혼자 즐기는 것도 잠시이고 얼마 안 있어 사람들이 하나 둘씩 극장과 영화관으로 모여들기 시작하더라는 것이다.

왜 사람들이 옛날처럼 교통도 복잡하고, 주차가 걱정되고, 시간도 걸리고, 돈도 더 드는데 다시 극장으로 몰려드는 것일까? 대답은 간단하다.

인간은 인간이 그립기 때문이다. 편하다고 혼자 안방에서 눈물을 짜거나 껄껄 웃다 보니 문득 외롭고 미친 사람처럼 느껴지더라는 것이다. 같이 울거나 같이 웃어 줄 사람이 옆에 필요한 것이다.

그래서 **Hi-Tech** 시대에도 **Hi-Touch**가 필요한 것이다.

인간은 인간과 인간의 관계 속에서 태어나 관계를 맺으면서 살아간다. 인간은 관계없이는 도저히 인간일 수 없다. 그래서 사람을 '人'이라고 부르지 않고 '人間'이라고 부른다.

고도기술사회(Hi-Tech)가 되면 될수록 우리는 고도접촉(Hi-Touch)을 필요로 하게 된다.

교육에서도 교육공학의 발달로 한때 교수기계(Teaching Machine)가 교사를 대신할 것처럼 떠들어댄 적이 있다. 그리고 앞으로도 컴퓨터, AI 등을 이용하여 학생들이 흥미진진한 가운데 혼자서도 충분히 공부를 해나갈 수 있다.

그렇더라도 여전히 교사의 몫은 따로 있다. 기계가 고도의 기술로 학생들을 가르칠 수 있다고 하더라도 학생들은 여전히 선생님의 접촉을 필요로 한다.

학생들은 선생님의 손때 묻음 속에서 비로소 정서가 듬뿍 담긴 정상적인 한 인간으로서 자랄 수 있는 것이다. 선생님과의 밀접한 상호작용이 최선의 교육방법이 된다.

한때 우리나라 대도시 초등학교에서 한 학급이 100명 이상의 과밀학급이었던 적이 있다. 또한 학교 100학급 이상인 과대 학교도 있었다. 그리고 우리는 교육에서 '콩나물 교실'이란 말을 공식용어처럼 거리낌 없이 사용했었다.

정말 끔찍한 노릇이다. 어떻게 아이들을 감히 '콩나물'에 비유할 수 있단 말인가? 콩나물은 먹기는 좋은지 몰라도 하나의 식물(食物)이 아닌 식물(植物)로서는 정상적인 성장을 할 수 없다. 콩나물로 자란 아이들은 영양실조보다도 더 중요한 '만짐실조', '접촉실조', '상호작용실조'라는 병에 걸린다.

선생님과의 접촉과 사랑을 못 받고 자란 아이들이 사회에 나와서 범죄를 저지르게 되고, 전쟁을 좋아하는 대통령은 승산 없는 '범죄와의 전쟁'을 선포하게 되는 것이다.

아이들은 가정에서는 엄마의 젖을 먹고 자라고 학교에서도 선생님의 사랑과 접촉, 만짐을 통하여 큰 사람으로 성장한다.

'입시지옥'이란 말도 있다. 지옥을 통과해 나온 아이들이 사회에 나와서 무슨 짓은 못할 것인가? 학생들에게 지옥에서 살게 만들어 놓고 어른들이 편안히 천당생활을 할 수 있을 것인가? 학생들은 좀 더 따뜻한 인간대접이 필요한 것이다.

문명과 과학과 기술이 발전하면 할수록 현대화되면 될 수록 인심은 각박해지고 사람들은 더욱 바빠지고, 만남과 접촉은 줄어들고, 또 마음을 마음껏 열어놓고 대화할 수 있는 상황도 줄어든다.

가정에서조차 아이들이 혼자 있는 시간이 많아지는 것 같다. 대도시에서 어머니들의 외출이 많아지면서 이러한 현상이 두드러지게 나타난다. 그렇게 되니까 아이들은 더욱 가정으로부터 학원으로 밖으로 쫓겨나게 된다.

시골도 옛날의 시골이 아니다. 동네에서 사람 만나기가 어렵게 되어 있고, 또래 아이들도 드문드문 떨어져 있다. 어른들은 넓은 들판에 흩어져 있어 만나기도 어렵다.
이제는 어린이들에게 따뜻한 가정을 되돌려줘야 할 때이다. 이런 때일수록 학교에서나마 인간적 접촉이 밀도 높게 이루어져야 한다. 가능한 한 내면 깊은 언어적 접촉을 많이 하고, 또 될 수만 있다면 신체적인 접촉을 많이 하는 게 좋을 것이다.

같이 땀 흘리며 일하고 운동하는 속에서 학생과의 언어적·신체적 접촉은 많아진다. 네모진 교실 속에서의 공식적인 시간보다는 교실 밖에서의 비공식적인 접촉에서 학생들은 더 밀도를 느끼고 인간적인 것을 느끼면서, 인간적인 사람으로 성장해 갈 것이다.

쥐 같은 동물도 독방에 가둬둔 놈은 수명이 짧다. 둘, 셋이서 먹이를 가지고 싸우면서 살지만 합숙하는 놈들이 오래 살더라는 것이다.

죄인도 독방 감옥에 들어가는 것이 제일 무서운 것이다. 사람은 싸울 사람이든은 사랑할 사람이든 접촉할 상대방을 필요로 한다.

몇 년 전에 전교생이래야 두 가정의 자매와 형제, 총 4명과, 교사 2명, 그 밖에 청부 1명, 교사부인 1명이 사는 낙도 분교를 방문한 적이 있다. 사람이 적으니까 밀도 높은 접촉이 있을 것 같은데 사실은 그렇지 못한 것 같았다. 운동장도 의미가 없고 놀이기구도 별 소용이 없었다. 휴지도 구경할 수 없고 돈도 별 뜻을 갖지 못했다.

아이들 둘 때문에 교사 자신이 이 섬에 와 있는 걸 생각하니 아이들이 귀중하게 보이더라는 것이다.

그러나 아이들은 1주일에 한 번씩 본교에 가서 공부하게 되는 그날을 제일 기다린다는 것이다. 사람은 사람 속에서 사람이 되고, 아이들은 아이들 속에서 커가는 모양이다.

선생님은 하루 종일 아이들 속에서 속 썩으면서 생활하다 보면 사람과 아이들에 지칠 수도 있다. 그래서 조용한 곳에 혼자 있고 싶을 때도 있을 것이다.

그러나 대체로 인간 속에서 일생을 보낸다는 것은 행복이 아닐 수 없다. 더구나 천사와 같이 귀여운 어린이, 발랄한 청소년과 인생의 대부분의 시간을 보낼 수 있다는 것은 축복이 아닐 수 없다.

사람이라도 환자나 거짓 하는 사람들 속에서 실갱이 하면서 지내게 된다면 정말 괴로울 것이다. 또 물건과 기계를 만지며 일생을 보내는 사람들보다는 나을 것이다.

사람이 좋아하는 돈도 하루 종일 만지는 직업이라면 돈이 아니라 귀찮은 물건이 될 것이다. 보석도 마찬가지일 것이다.

이런저런 생각을 해 보면 어렵더라도 교사는 학생들과 많은 대화를 나누고 많은 접촉을 히어 Hi-Touch를 원하는 학생들을 올바르게 키우는 동시에 자신도 행복해지고 더 보람을 느끼게 되어야 할 것이다.

학생 없는 교사, 끈끈한 만남과 접촉이 없는 교사는 상상만 해봐도 재미없다.

Hi-Tech 시대일수록 Hi-Touch를 필요로 한다. 우리가 맞이하게 될 인생의 황혼기에 가서, 인간으로 태어나서 주고받은 Touch의 양과 질로 인생 대차대조표를 결산을 해 보는 것은 어떤는지…….

영국의 나방

세상의 모든 일이 얽히고설켜 톱니바퀴처럼 돌아가고 있다.
부분만 보지 말고 상호관계, 인과관계의 사슬을 따져 나가야 한다.

한때 영국에서는 저녁에는 방문을 열어 놓을 수 없었다고
한다. 밤도둑이 들어와서가 아니고 문을 열어 놓으면 불빛을
보고 나방이들이 날아들어 와서 그랬다고 한다.

왜 갑자기 예년에 없던 나방이들이 이렇게 많이 생긴 것일
까? 연구자들이 달라붙어 오랫동안 이 문제를 연구하기 시작
하였다.

연구 결과 "나방이 번성한 이유는 2차 세계대전" 때문이라
는 것이었다.

"나방과 2차 대전"이 무슨 관련이 있을 법한 것인가?

당시 전쟁 통에 많은 남자들이 전쟁터에 나가서 목숨을 잃
었다. 젊은 미망인, 과부들은 어디 마음을 주고 의지할 길이
없어 집안에 애완동물인 고양이와 개를 키우게 된다. 고양이
와 개들을 많이 키우게 되니까 그들의 먹이인 쥐들이 사라지
게 된다. 쥐들이 사라지니 쥐의 먹이들이 번성하게 된다. 다
음은 쥐의 먹이의 먹이들이 사라지게 되고…… 이렇게 해서
나방을 잡아먹는 천적이 사라졌던 것이다. 2차 대전이 먹이의

사슬을 파괴했던 것이다.

세상의 모든 일이 이렇게 얽히고설켜 톱니바퀴처럼 돌아가고 있다. 그래서 부분만 보지 말고 상호관계, 인과관계의 사슬을 따져 나가야 한다.

어떤 문제가 있을 때 부분만 보고 처방하게 되면 반드시 부작용과 역작용, 반작용이 생긴다는 것을 주의해야 한다.

『장관과 고양이』라는 이야기가 있다. 부부싸움하고 출근한 장관이 아침부터 국장에게 화를 낸다. 기분 나쁜 국장은 아무 것도 아닌 일 가지고 과장에게 분풀이를 한다. 그래서 그 화는 계장, 계원을 거쳐 말단 사환에게로 옮겨갔다. 퇴근하던 사환이 수위실 근처에 어슬렁거리고 있는 고양이를 발길로 걷어찬다. 아무 죄도 없이 발길로 걷어차인 고양이는 집안에 들어와서 고급가구를 다 갉아 놓는다. 이런 줄거리를 재미있게 얽어 놓은 이야기이다.

세상일과 교육현상도 이렇게 톱니바퀴처럼 얽혀 돌아가고 있다. 교육의 문제, 교육 비리도 이렇게 얽혀 있는 것이다.

모 고등학교 교장이 잘못을 저질렀다고 한다. 교장 한 사람만 나쁜 짓을 했을 것인가? 상급 관청, 지방 행정, 정치계, 교직원, 학부모 등 수많은 사람들이 직·간접으로 관련되었을 것임에 틀림없다.

교육계, 사회가 속속들이 썩었을 때 주변에 성한 사람이 얼마나 될 것인가? 세상을 단세포적으로 떼어서 봐서는 안 된다.

교육계에서 대학입시가 문제라고 한다. 그래서 대학입시 제도를 수 십 번 뜯어 고쳤다. 그래도 문제는 여전히 남아 있다. 그것은 겉으로 드러난 입시제도라는 종기만을 짜내려고 했기 때문에 종기만 더욱 악화시켜온 것이다. 암의 뿌리를 제거하지 못한 것이다. 입시는 입시 그 자체만의 문제가 아닌 것이다. 우리나라의 역사·문화·사회구조·여건에 의하여 이렇게 만들어진 것이다.

대학입시문제로 인한 교육의 병폐는 이루 말로 표현할 수 없을 만치 심각하고도 많다.

초·중·고등학교 교육이 일그러지고 있다. 이로 인해 학생의 고등정신기능을 신장시키는 교육을 하지 못하고 암기식 시험 준비교육에 매달리고 있다. 또 입시준비교육으로 인해 국가 전체로 보면 재정적, 시간적, 정력적 자원낭비가 극심해지고 있다.

대학입시문제는 근본적으로 대학으로 가려는 사람이 많기 때문에 생긴다. 또 입시준비교육과 훈련을 받으면 그만큼 효과가 있기 때문에 법을 어기면서까지, 무리를 하면서가지 변칙을 하고 있으며 우리는 서슴없이 입시지옥이란 말을 사용한다.

입시지옥은 정부, 교육행정가, 교사, 학생, 학부모, 모든 사회 전체가 협동하여 함께 만들어낸 하나의 합작품이다. 여기에 참여한 구성원들 중 한 구성원만이라도 철저하게 원칙대로 살려고 하면 이 입시지옥이란 오케스트라 작품은 연주될 수 없다.

정부나 교육 행정가들이 원칙에 충실하려고 했다면 이미 입시제도는 고쳐졌을 것이며, 변칙적 입시준비교육은 철저히 단속·감독되거나 사전에 방지되었을 것이다.

교장이나 교사들만 입시교육을 거부해도 입시지옥은 이루어질 수 없다.

왜 법으로 정해진 교육과정과 시간 배당 기준령을 어기면서까지 입시교육을 해야 하는가? 그것이 참 제자 사랑인가 아니면 학부모에 대한 아부인가? 교장과 교사는 법으로 정해진 정규수업만 해주면 된다.

학부모는 학교에 대하여 법으로 정해진 그 이상을 요구할 수 없다. 학생이나 학부모가 입시준비교육을 거부해도 입시지옥은 성립될 수 없다.

문제는 이들 구성원들이 다수이기 때문에 한 마음이 되지 못하여 지옥의 고리를 끊지 못하고 있는 것이다. 일단 교육부, 교육청, 교장, 교사는 한 마음으로 뭉치기 쉬우므로 큰 결단을 내려 보충·자율학습을 하지 말고 정규 시간표에 의하여 정규수업만을 하도록 해야 한다.

동시에 대학은 신입생 선발에서 입시준비교육을 받지 않은 사람에게 유리하도록 해줘도 악순환의 고리는 끊어질 수 있다.

우리 사회의 고질병인 입시지옥을 교육낙원으로 바꾸기 위해서는 근본적인 처방을 하지 않으면 악순환의 고리를 끊기 어렵다.

근본적인 처방으로 첫째, 그렇게 많은 사람이 반드시 대학을 가지 않아도 손해 보지 않고 성공적인 삶에 지장이 없도록 하는 일이다. 즉, 사람들로 하여금 대학에 갈 필요가 없도록 해야 한다. 현재는 대학을 나와야만 유리하게 되어있기 때문에 모두 대학문으로 몰리는 것이다. 대학이라는 등산로 하나만 만들어 놓고 너무 많은 사람이 몰린다고 나무라는 것은 국가적인 잘못이다.

다양한 등산로를 만들어 사람들을 분산시키되 모두가 정상에 오를 수 있는 기회를 동등하게 주어야 한다. 돌아가는 사람도 손해나지 않게 해 줘야 등산객이 분산될 수 있다. 즉, 대졸자에 비하여 고졸자가 오히려 유리하게 해주면 된다.

둘째, 이런 근본적인 조치와 함께 차선책으로 입시공부 자체가 필요 없게 만드는 일을 해야 한다. 그런 면에서 대학수학능력시험은 성공적인 출발이었을지 모른다.

대학에 입학하여 수학할 수 있는지 그 기초능력을 알아보고 나머지는 오히려 폭 넓은 교양을 테스트하는 내용과 방법으로 학생을 선발하게 되면 입시준비 교육은 완화될 수 있다.

특히 대학교육이 대중화 된 우리나라의 현 실정에서는 고등학교까지의 교육에서 기초수학능력을 갖추고 오히려 폭 넓은 교양을 갖춘 사람이 유리하게 대학입시가 출제되어야 한다.

어쨌든 위와 같은 근본적인 조치와, 교육자들의 결단으로 대학입시 문제의 먹이사슬과 같은 고리를 확실하게 끊지 않으면 우리는 영원히 사람다운 삶을 살지 못하게 된다.

입시 이외에도 우리 교육에 여러 가지 문제가 있는데 이러한 문제의 해답은 우리나라 역사와 전통문화에서 찾아야 한다.

우리 교육의 근본적인 문제의 원인 중의 하나는 교사에게서 찾아야 한다. 대한민국의 수재들이 교사직에 몰려들어 교사들이 긍지와 자존심을 갖고 당당히 그 직에 임할 수 있어야 한다.

그러나 지금 우리나라에서는 우수한 사람이 교직에 몰려들지 않고 있다. 교사들의 왕성한 사기와 긍지도 찾아보기 어렵고, 또 이를 기대하기도 염치없게 되었다. 사회가 교사를 대우하지 않기 때문이다.

세상의 가치는 정신에서 물질로 바뀌었는데 선생님에게서만 선비정신을 기대하기는 어렵게 되었다.

돈이 있는 곳으로. 사람들이 모두 몰려가는데 선생님들만 멀리 떨어져서 구경만 하라고 하면 말이 먹혀들겠는가? 돈으로부터 교사들이 멀리 떨어지니 정신적 존경으로부터도 멀어지게 된다.

세상이 온통 돈의 가치로 바뀌게 되니 정부 내에서도 경제부서들이 힘을 쓰게 되고 정신계통의 교육·문화·예술계통은 천대를 받게 된다. 정부 내에서 교육부가 천대를 받으니 학교와 교사가 대우를 받을 수 있겠는가?

교육과 과학·기술이 뒷받침·밑받침을 해주지 못하면 경제와 산업은 번성할 수가 없다. 마지막에는 문화와 예술도 시들고 우리의 삶은 메마르게 된다. 경제부서가 부총리 급이라면 교육·문화·예술은 대통령이 되어야 한다.

대통령이 교육부장관이 되는 것이 교육대통령이다. 이렇게 될 때 교육과 교사가 희생될 기미가 보이기 시작할 것이다.

교육의 문제를 겉에 곪은 종기만 보고 칼을 대면 반드시 실패한다. 종기를 낫게 하기보다는 오히려 사람을 일찍 죽게 만든다. 교육개혁을 한다고 섣불리 칼을 들다간 교육을 죽이는 결과가 될 수도 있다.

나방과 2차 대전처럼 보이지 않는 것끼리 연결된 고리를 찾아야 한다.

근본적으로 교사를 대우해 주지 않고, 교육을 존중해 주지 않고는 지금 떠들어 대는 선진국 진입이란 것도, 국제화. 개방화·무한경쟁 운운하는 말들도 모두 내 귀에는 한낱 시끄러운 소음으로 들릴 뿐이다.

일본의 힘, 이스라엘의 힘은 교육에서 나오는데 한국의 힘은 어디서 나왔는가? 또 앞으로 어디서 나오겠는가? 한국의 힘은 바로 교육과 교사에게서 나온다고 믿어도 좋을 것이다.

3. 교육자의 신바람 나는 일

기왕에 일을 할 바에는 신나게
일을 해야 한다. 신나게 살 때 일의
성과도 높고 행복도 보장된다.

I.Q와 E.Q

다른 사람이 일에 미쳤을 때 손가락질을 하지만 말고
자기 자신이 손가락질을 받아보는 신선한 광기를 가질 필요가 있다.

머리가 얼마나 좋은가를 나타내는 지수로 흔히 **IQ(Intelligence Quotient)**를 쓴다. 그러나 사실은 "지능이란 무엇이냐"하는 지능의 개념 정의에 대해 학자들 사이에 의견의 일치를 보지 못하고 있다. 다만 크게 두 가지 의견으로 양분되어 두 요인설을 주장하는 사람도 있고 일곱 가지 요인설을 주장하는 사람도 있다. 그럼에도 불구하고 지적 능력을 나타내는 데 **IQ**(지능지수라고 일컬음) 이외의 다른 특별한 방법이 없는 것 같다. 그리고 지능지수와 학업성취도(성적)와는 상당히 높은 상관관계가 있는 것으로 밝혀지고 있다. 즉, 지능지수가 높으면 공부도 잘 한다고 말할 수 있다. 그러나 때로는 **IQ**가 높은데도 공부는 잘하지 못하는 경우도 있다. 그 이유는 머리가 좋다는 사실(IQ 높다는 사실)만 믿고 노력을 안해서 일어나는 경우일 것이다. 또 지능지수와 창의력과는 반드시 일치하거나 상관관계가 높다고는 할 수 없다. 오히려 문학, 건축, 과학 작품 등에서 **IQ**와 창의력 간에 역전되는 경우도 있다. 어쩌든 특별한 경우를 제외하고는 **IQ**가 높아서 나쁠 것은 없다. 다만 높은 **IQ**를 올바른 곳에 잘 사용하는 일이 중요하다. 좋은 머리로 사기를 치거나 도둑질 하는데 사용하는 경우도 있기 때문에 문제이다. 사회에서 나쁜 일을 저지르는 사람들을 보면 대부분 머리가 좋다는 사람들이다. 우리는 그동안 범죄의 수법들이 점점 더 지능적으로 변하고 있다는 말들을 많이 들어 왔다. 그 이유는 범죄를 저지르는 사람들이 과거보다 머리가 더 좋은 사람들 이어서 범죄수법의 차원이 높아 졌거나 아니면 범죄자들이 반복적으로 범죄를 행함으로써 이에 따라 범죄 쪽으로 머리가 발달하고 있으므로 그렇다고 해석할 수 있다. 하지만 좋은 머리를 가진 사람들이 다른 사람들을 이롭게 하고 행복하게 하는 데 쓸 수 있도록 해야 한다는 것도 자명하다.

그래서 IQ가 얼마냐 하는 문제도 중요하지만 이에 못지않게 이를 어디다 어떻게 사용하느냐도 중요하다고 본다. 그런데 최근에 어떤 사람은 IQ와 비슷한 식으로 EQ(Enthusiasm Quotient)란 말을 만들어 이의 중요성을 강조하고 있다. 이를 우리말로 바꾸어 표현한다면 열정지수(熱情指數)라고 해야 할 것 같다. 머리가 영리하고, 명석하고, 날카롭고, 빠르기로 표현되는 IQ도 필요하고 중요하지만 이에 못지않게 얼마나 열심, 열중, 집중, 열정을 쏟느냐도 필요하고 중요하다는 것이다. IQ는 높으나 이 높은 IQ를 그릇된 곳에 쓰거나, 좋은 머리 믿고 노력하지 않아서 실패하는 사람에게 높은 IQ보다는 열심히 노력하는 EQ가 높으면 어떤 일을 하는데 어느 정도는 보완해 줄 수 있다고 본다. 물론 IQ가 높은 때 EQ도 높아 IQ와 EQ가 상호보완해 주고 뒷받침해 줄 때 더욱 더 정상적으로 발전할 수 있을 것이다.

그런데 IQ니 EQ니 하는 단순한 숫자나 지수보다 더 중요하고 값진 측면을 기억해야 한다. 그것은 우리가 어떤 일에 열중할 때 느끼는 행복감이다. 그리고 행복을 느낄 정도로 열중하기 위해서는 아무래도 **EQ**가 높을 때 더욱 행복해질 수 있다고 힐 수 있다. 예를 들어 퀴리 부인이 어렸을 때 공부하고 있는 옆에서 친구들이 책상을 높이 쌓아놓았다가 넘어뜨리는 장난을 치고 놀려도 그것을 의식하지 못하고 공부에 열중하였다고 하는데 이렇게 열심히 하는 순간은 분명 행복한 시간이었을 것이다. 어린 아이가 장난이나 **TV**, 만화에 빠져서 모든 것을 잊고 어머니가 부르는 것도 모르고 있는 상태도 어린이에게는 행복한 순간이다. 화가가 하얀 캔버스 위에 열중하고 있는 순간, 피아니스트가 피아노의 하얀 건반 위에 자기 자신을 나타내기 위해선 혼신을 바치고 있는 순간, 권투선수가 챔피언 벨트를 놓고 사각의 링 위에서 자기 자신을 잊고 피투성이가 되도록 격돌하는 순간, 가수가 마이크를 잡고 자기가 원하는 목소리를 뽑아내기 위해서 몸을 비틀면서 자기를 잊고 있는 순간, 병사들이 총알이 비 오듯 퍼붓는 전선에서 고지 탈환 작전에 모든 것을 잊고 돌진하는 순간들은 모두 행복한 순간들이라 하지 않을 수 없다.

　한자 숙어 중에 물아일여(物我一如), 몰아의 경지(沒我의 境地)란 말이 있다. 이는 아마 **EQ**의 절정을 표현하기에 적당한 용어라고 할 수 있다. 마치 신들린 사람처럼 일에 열중하는 사람은 분명 행복하고 또 일의 성과도 올라갈 것이다. 즉 하는 일과 자신을 분리시키지 않고 일치시켰을 때 우리는 행복하고 또 일의 성과도 올라간다. 예를 들어 학생들이 입학시험에 합격하기 위해서, 좋은 점수를 받기 위해서, 취직시험에 합격하기 위해서만 공부하게 된다면 공부가 재미없을 것이다. 아마 지옥과 같을지도 모른다. 그러나 많은 학생들이 딱딱해하는 수학문제라도 재미를 갖고 풀어 나간다면 밤이 깊은 줄도 모르고 신나서 공부하게 될 것이다.

고3학년 학생으로서 대학입시를 치르고자 하는 학생들이 책상 앞에서 공부하면서 보내는 시간의 양은 거의 비슷하다고 본다. 공부 잘하고 못하고 간에 공부하면서 보내는 시간의 양에는 큰 차이가 없을 것이라고 본다. 중요한 차이는 공부에 얼마나 집중하느냐 하는 **EQ**의 차이라고 본다. 열중하지 못하면서 계획된, 목표한 시간의 양만 채우는 학생이 있는가 하면 공부하는 시간의 양은 적어도 공부하는 동안은 자신을 잊고 공부에 몰입하는 학생이 있을 수 있다. 후자의 경우는 공부의 성과도 높고 공부하는 것이 재미있게 느낄 수 있다.

교사도 교직을 먹고 살기 위한 생계수단으로만 생각하게 되면 불행해 진다. 밥벌이의 수단도 되지만 아이들을 가르쳐 아이들이 깨닫고 기뻐하는 모습을 지켜보는데 일의 보람과 희열을 느낄 수 있다면 더 행복해질 수 있을 것이다. 교직도 처음에 교단에 설 때는 신선감과 도전 감을 느끼지만 1년, 2년 반복되는 생활을 하다 보면 권태를 느끼지 않을 수 없다. 계속 새롭게 가르치고 새로운 일을 시도할 때 교직의 보람, 살아가는 의미를 찾을 수 있다. 교직에서도 신선한 광기 같은 것이 필요하다. 수업에 미친 선생님, 학생들에게 열정을 쏟는 신들린 선생님, 문제아 하나를 선도해 내기 위해서 혼신의 노력을 기울이는 선생님이 될 때 선생님도, 학생도, 학교도 모두가 잘 되고 행복하게 된다. 우리는 일을 안 할 때 행복한 것이 아니라 일에 미쳤을 때 행복하다는 사실을 실천으로 깨우쳐야 한다. 다른 사람이 일에 미쳤을 때 손가락질을 하지만 말고 자기 자신이 손가락질을 받아보는 신선한 광기를 가질 필요가 있다. 왜냐하면 다른 사람들은 일에 미친 사람을 손가락질 할지 모르나 미친 사람 본인은 어디까지나 누구보다 행복감을 느낄 수 있기 때문이다.

레오나르도 다빈치는 권태보다는 차라리 죽음을 달라고 했다고 한다. 한 시간 한 시간의 권태로운 시간을 죽이며 살아가기 보다는 차라리 짧은 시간이라도 신나게 살다가 죽는 것이 나을지도 모른다. 교직에 권태를 느끼는 사람은 새로운 도전을 시작할 필요가 있다. 지금 당장!

일에 열중하면 성과도 있고, 행복하기도 할 뿐만 아니라 후회를 없앨 수 있다. 열중하고 최선을 다하고 나면 일의 성공과 실패여하에 상관없이 후회할 일이 없어진다. 최선을 다 해놓고 담담한 마음으로 결과를 지켜볼 수 있다. 최선을 다 해놓고 결과는 자신이 신봉하는 신, 채점자, 심판관의 판단에 맡겨야 한다. 결과의 판단은 내 차지가 아니다. 내가 할 수 있는 일은 오로지 자신이 가지고 있는 능력을 최고도로 발휘하여 최선의 노력을 경주하는 길 밖에 없다. 최선을 다했을 때는 혹시 결과가 나쁘게 나오더라도 후회는 없다. 최선을 다하고 능력이 모자라서 못한 것이야 무엇이라고 나무라겠는가?

미친 듯이 신나게 열심히 살려면 항상 새로운 것을 시도해야 한다. 새로운 물이 계속 흘러야지 고여 있는 물은 썩게 마련이다. 새로운 불꽃으로 불태우기 어렵다. 우리의 머리도 계속 새것으로 채워줘야 한다. 우리의 눈과 귀, 오관이 성한 동안 아름다운 것을 많이 보고, 듣고, 맛보고, 냄새 맡고, 느껴야 할 것이다. 독서를 많이 하고, 여행을 많이 하는 것도 새로운 것으로 충전시키는 한 방법일 것이다.

교직도 한 학기, 한 학년 같은 것을 반복하다 보면 신나는 광기보다는 무미건조한 권태에 빠지기 쉽다. 새 학생 새 직원을 만났으니 교재를 새로이 준비하고, 새로운 학급경영을 계획하고, 이를 바탕으로 새로운 학교경영을 시도하고, 새로운 관계를 시작할 때 재미도 있고 열중할 계기도 생기는 것이다.

IQ는 자신의 노력도 많이 반영되지만 부모의 유전적인 요인이 많은 부분을 차지한다. 그러나 EQ는 자신이 만드는 부분이므로 자신의 노력 여하에 따라 그 정도가 높아질 수 있는 것이다. 그래서 나는 IQ보다는 EQ를 더 값비싸게 사고 싶다. 청년과 교사의 뜨거운 열정(EQ)을 기대한다. 여기서의 EQ는 뒤에 나온 감성지수(Emotional Quotient)가 아니라 열정지수이다.

너로 하여금 네가 있는 곳을
달라지게 하라

자신이 있음으로써 다른 사람과 사회에 도움이 되고,
달라지고, 발전하게 해야겠다는 사람을 길러내도록 해야겠다.

에드워드 보크라는 한 네덜란드 소년은 일찍이 어머니와
아버지를 잃고 할아버지 손에서 가난하게 자라고 있었다. 열
한 살 먹었을 때인가 열두 살 먹었을 때인가 할아버지를 떠
나 단신으로 미국으로 이민을 가게 되었다. 어린아이 홀로 신
천지 찾아 떠나는 어린아이의 마음은 어떨 것이며 이를 떠나
보내는 할아버지 마음은 또한 오죽했을까? 낯선 곳으로 떠나
는 어린 아이에게 할아버지는 줄 것이 없었다.

이제 헤어지면 영원한 이별이 아닐 수 없었다. 언제 죽을지
모르는 할아버지로서는 더 이상 또 만난다는 기약을 할 수가
없었다. 이 지구상에 하나 밖에 없는 혈육이 가난으로 생이별
을 해야 하는 이들 어린이와 늙은 할아버지의 심정을 이 둔
한 펜으로 어떻게 다 표현을 할 수가 있겠는가?

아무리 찾아보고 궁리 해봐도 할아버지는 손자에게 줄만한
가진 것이 없었다. 노자 돈도 줄 것이 없었다. "에드워드야, 이

할애비는 너에게 줄 것이 아무것도 없구나. 마지막으로 너에게 유언이나 다름없는 한마디 말밖에는 줄 것이 없다. 그러니 내 말을 죽을 때까지 잊지 말고 명심하여 실천에 옮겨라"하고 마지막으로 손자에게 해준 말은 "너로 하여금 네가 있는 곳을 달라지게 하라"는 말이었다. 한번 이를 따라서 외워보라고 했다.

"너로 하여금 네가 있는 곳을 달라지게 하라"라고 말하고 에드워드는 이 말을 단단히 움켜쥐고 할아버지를 떠나 이민선을 탔다. 이민선 속에서 이 말을 잊지 않으려고 몇 번이고 반복해서 마음속으로 다짐을 했다.

미국 보스턴 거리에 떨어졌을 때 에드워드의 주머니에는 단돈 2달러가 남아 있었다고 한다. 이 돈으로 이 어린이가 할 수 있는 일은 무엇이 있겠는가? 아마 배고픈 배를 채우기 위해 빵이나 과자를 사먹으면 그만이었을 것이다. 그러나 그것은 끝장으로 가는 길이기 때문에 그럴 수 없는 일이었다.

2달러치 신문을 사서 팔기 시작했다. 남은 돈으로 신문 부수를 늘리면서 계속 팔았다. 이제 겨우 신문을 사다 팔아 굶지 않을 정도로 신문 부수가 늘어났다. "너로 하여금 네가 있는 곳을 달라지게 하라." 이 말을 실천해야겠다는 생각이 들었다.

그래서 궁리 끝에 빗자락을 하나 구해서 신문 파는 장소로부터 점점 넓혀가며 거리를 청소해 나갔다. 그 거리에 신문 파는 아이 하나가 나타나더니 거리가 깨끗해지는 것을 주위 사람들이 알게 되었다. 그러면서 기왕이면 그 아이에게서 신문을 사야겠다는 사람들이 많아져 신문은 더 많이 팔리게 되었다.

또 하나 달라지게 한 것은 그곳에 가기만 하면 언제나 신문이 있다는 신용을 심어준 것이다. 다른 곳에 가면 신문이 없을 때도 있지만 그 소년이 있는 곳에 가면 틀림없이 신문이 있다는 믿음을 가진 주민들은 항상 그곳에서 신문을 사기로 작정을 하게 된 것이다. 신문 파는 아이 하나가 생기더니 거리가 깨끗해지고, 신문이 항상 있고 주민들 기분까지 좋아지고 명랑한 거리로 변했다.

그러자 에드워드 소년은 어떤 신사의 도움으로 신문·잡지를 출판하는 출판사의 사환으로 취직을 하게 되었다. 청소하고 심부름 하는 일이지만 먹고 잘 것을 걱정하지 않는 안정된 직장을 얻게 된 셈이다.

"너로 하여금 네가 있는 곳을 달라지게 하라." 여기서 무엇을 달라지게 할 것인가? 에드워드는 쉴 틈 없이 열심히 청소하고, 잡지책, 신문을 꽂아 놓아도 반듯반듯하게 정돈해 놓았다. 사환아이 하나가 들어오더니 빌딩 전체가 깨끗해졌다. 깨끗해질수록 직원들도 더럽힐 수가 없었다. 어린아이 하나로 회사 전체의 분위기가 달라졌다.

에드워드는 이 회사의 정식 직원으로, 간부 직원으로, 사장으로 승진하고 마침내는 대출판사의 회장으로 추대 받게 되었다. 수십 가지의 신문과 주간지, 월간지를 출판하고 일반교양 도서까지 출판하는 대출판사로 성장시킨 비결은 오로지 "너로 하여금 네가 있는 곳을 달라지게 하라."는 할아버지의 말씀을 한시도 잊지 않고 몸으로 실천했기 때문이라고 그의 자서전에 쓰고 있다. 에드워드 보크는 출판사에서 번 돈을 사회에 환원하기 위해서 유명한 음악당을 지어 기증하고, 박물관을 지어 미국 국민의 정신적 양식을 대어주는 역할을 하였다.

할아버지의 이 한마디의 말씀은 그 어떤 재산이나 유산보다도 값진 것이었다. 또 고등학교나 대학에서 배우는 어떤 고급 지식보다도 더 값진 것이었다. 이 말 한마디가 많은 돈보다도 지식보다도 값지었던 것은 지속적인 실천이 따랐기 때문이다.

아무리 비싼 재산이나 지식이라도 값지게 쓰지 않으면 아무런 의미가 없는 것이다. 그리고 성실하고 정직하게 살아가는 사람들을 격려해주고 키워주는 그 나라의 사회풍토와 문화가 또한 부럽기도 하다.

학력보다도 사람이 중요하다. 교육받은 사람과 교육받지 않은 사람의 차이가 어디에 있는지 모르겠다. 교육받은 사람이, 상당히 사회적 지위에 오른 사람이, 상당한 부를 축적하고 명예도 누리는 사람이 실망시키는 일을 저지를 때마다 그리고 다른 사람에게 해를 끼치는 일을 할 때마다 우리 교육자는 교육에 회의를 느끼게 되고 힘과 맥이 쭉 빠지는 것을 느낀다.

그럴 때마다 많은 것을 가르치기보다는 하나라도 기초적인 것을 철저히 해야 한다. 가정교육, 초등교육의 중요성이 더욱 강조된다.

올바른 싹을 키워주는 사회풍토와 문화를 형성해야겠다. 요령피우고, 약삭빠르고, 반칙과 변칙을 하고, 남의 힘으로 편하게 살아가려고 하는 사람들이 판을 치게 내버려 둬서는 안 된다. 사회규범을 지켜줘야 할 우리 교육자들이 교실에서, 학교에서 이런 나쁜 싹들을 길러주고 있는 것이 아닌지, 철저히 살펴봐야 한다. 이런 악의 싹들 때문에 악의 온상 때문에 올바른 싹이 제대로 햇빛을 못 받고, 양분이 있는 곳으로 뿌리가 뻗어 나가지 못하는 경우가 많다.

다음으로 우리가 에드워드 보크 이야기에서 생각해야 할 점은 우리 사회에 유용한 인간을 길러내야 한다는 것이다. 대한민국의 어느 구석에서 무슨 일을 하든지 다른 사람에게 도움이 될 수 있도록 일하는 유용한 사람을 길러내야 한다. 자신이 있음으로써 다른 사람과 사회에 도움이 되고, 달라지고, 발전하게 해야겠다는 그런 사람을 길러내도록 해야겠다. 다른 사람과 사회에 짐이 되거나 해를 끼치는 사람이 되지 않도록 가르치는 일도 쉽지 않다.

마지막으로 우리가 생각할 점은 교사와 교육행정가로서 몸소 자기가 있는 곳을 달라지게 하는 일이다. 자기가 있음으로써 달라지는 직장, 달라지는 학교가 되도록 하여야 한다. 전임자가 하던 좋은 일을 이어받고 그 바탕 위에 새로운 것을 얹어서 발전하는 학교로 만들어야 한다. 내가 있음으로써 좋아지는 직장이 될 때 자신도 보람을 느낄 수 있고 다른 사람에게도 도움을 주게 된다.

행정가가 추구하는 가치 중의 가치, 가치 이상의 상위가치의 하나는 유지(maintenance)하는 일이다. 자기가 행정하고 있는 조직과 기관이 이 세상에 존재할 수 있도록 유지하는 일은 무엇보다도 중요한 일이다. 조직이 없어지고 나서는 행정이고 관리고 있을 수 없기 때문이다. 그리고 지금까지 있었던 규범과 문화 등 좋은 모든 것을 일단은 유지해야 한다.

그런 다음 유지에 그치지 말고 성장(growth)하게 하는 일이 두 번째로 중요한 상위의 가치, 초가치(metavalue)인 것이다. 행정가, 지도자는 유지에 그치는 선을 넘어서 조직과 기관을 성장시키고 발전시켜야 한다. 이것이 바로 우리가 여기서 이야기한 "너로 하여금 네가 있는 곳을 달라지게 하라."는 교훈과 일치되는 말이다.

행정가가 추구해야 할 세 번째 초가치는 효과 (effectiveness)와 효율성(efficiency)이다. 행정의 결과가 효과적으로 나와야 하고 행정의 과정이 효율적으로 이루어져야 한다. 될 수 있는 대로 많은 결과, 큰 성과를 가져오는 것이 효과성이고, 행정의 과정에서 구성원이 참여하여 만족을 느끼고 능률적으로 이루어지게 하는 것을 효율성이라고 한다.

행정가는 유지하고 성장시키되 효과적, 효율적으로 일을 해야 하는 것이 지상 명령이다. 특히 여기서 강조된 "너로 하여금 네가 있는 곳을 달라지게 하라"는 말이 바로 교사와 교육행정가의 존재이유가 된다. 교육과 교육행정은 바로 변화를 의미하며, 변화를 시키되 개선(improvement)의 방향, 바람직한 방향으로의 변화를 의미하기 때문이다. 교사와 행정가는 원하는 방향으로 학생과 학교를 달라지게 할 때에만 존재의 의미가 있는 것이다.

고장 난 전자계산기

일단 교직에 참여한 사람은 계산보다는 윤리 도덕적 차원에
동기를 부여할 때 더 보람 있는 삶을 살 수 있다는 점을 알아야 한다.

시골에서 초등학교 다닐 때의 이야기이다. 중학교에 들어가기 위해서 반 전체가 과외를 한 셈이다.

담임선생님은 일과시간과 퇴근시간의 구별 없이 공부를 시켰던 것 같다. 당시 시골이라 전등불도 없어 석유 등잔불과 촛불을 켜 놓고 계속 시험을 보고, 채점을 하고, 중요한 것을 외우고, 또 학생들끼리 짝을 지어 외운 것을 확인하곤 하였다. 학생들이 거의 교실에서 합숙하다시피 하면서 공부했던 것 같다.

선생님은 또 밤늦게까지 내일 시험문제를 출제하여 등사를 하셨다. 지금처럼 복사기가 있었던 것도 아니고 철판 위에 기름종이를 놓고 철필로 눌러써서 검은 기름잉크로 찍어내는 일은 정말 힘 드는 일이다. 그래서 우리 선생님은 너무나 철필을 많이 써서 가운데 손가락에 못이 박혀 딱딱하게 불쑥 튀어 나왔었다. 내가 교사가 되어 이 철필로 시험지를 만들어 보고 나서야 그 당시 담임선생님께서 고생하신 것을 어렴풋이 짐작할 수 있었다.

그런데 선생님께서 이렇게 밤낮 없이 학생들 공부와 입시를 위해서 고생 하셨는데 학부모와 학생들은 선생님께 무엇인가 해드린 것이 없다. 과외비를 낸 것도 없다. 다만 공부는 열심히 잘해서 군(郡) 내에서도 입시 성적이 제일 좋아서 우리 선생님은 공부 잘 가르치는 선생님으로 소문나고 또 무슨 표창인가도 받은 것으로 알고 있다.

선생님께서는 과외비를 바라고 아이들을 밤늦게까지 가르친 것이 아니라 오로지 제자들 앞날의 발전을 위해서 헌신적으로 노력하셨던 것 같다. 선생님 자신에게 이익이 되느냐 손해가 되느냐를 계산하거나 따지지 않고 학생들을 위해서 자신을 희생하셨던 것이다.

오늘날은 이런 선생님을 찾아보기 힘들다. 따져보고 계산해봐서 본인에게 손해나는 짓은 안 하려고 한다. 보충수업비와 수당을 계산기로 계산해보아 누구에게 더 차례가 돌아가는가를 따져본다. 학생들이 숙제 안 해오면 너 손해지 내 손해냐 하는 태도는 계산에서 나온 산물이다. 내 반도 귀찮은데 남의 반 아이들까지 신경 쓸 필요가 있느냐는 태도도 계산에서 나온 것이다.

옛날 선생님들은 전자계산기가 없고 주판만 있어서 그랬는지 모르지만 계산할 줄 몰랐고 현대의 선생님들은 정밀한 계산기가 나와서 계산적으로 판단하게 되었는가?

계산하는 선생님 밑에서 계산하는 제자가 나올 수밖에 없다. 선생님으로부터 학교 다니는 동안 필요한 지식만 따 먹으면 그만이다. 만남의 관계가 아니라 일시적인 스침의 관계가 된다.

이렇게 되면 계산적이었던 선생님도 재미없는 교직생활을

하게 되고 교직에서 의미를 잃어버린 선생님은 삶의 의미도 잃게 되어 자기 꾀에 넘어가게 된다. 교장의 권위를 깎아내리면 교사가 자신의 권위가 자동적으로 올라갈 것이라고 계산한 계산기는 분명 고장 난 계산기이다. 권위 없는 교장 밑에서 근무하는 교사는 더욱 초라하게 된다는 것을 계산하지 못한 고장 난 계산기이다.

그렇지 않아도 지방의 기관장들의 모임에서도 교장이 제일 힘없는 자리라고 하는 판인데 그것마저 깎아내리면 교장의 신세는 무엇이 되겠는가?

민주화 소용돌이에서 교장의 리더십이 먹혀들지 않고 있어 교육의 성과와 효과성이 떨어지고 있는 것은 고장 난 계산기 때문이다. 교장도 교사의 권위를 깎아내려서 자신의 권위가 설 것이라고 생각한다면 그것도 고장 난 계산기이다. 아무리 어리고 미숙한 선생님이라도 학생들 앞에서 난처하게 되거나 권위가 떨어져가지고는 교육을 할 수 없게 된다. 교사를 지도하더라도 권위는 세워줘야 한다.

권한과 권위를 밑에다 나누어 줘야 자신에게 권위가 더 붙는다. 이것을 권한과 권위의 투자라고 한다. 돈을 투자해야 돈을 벌듯이 권한과 권위를 투자해야 더 높은 권위를 인정받게 된다.

대학생들이 등록금 인상반대 투쟁과 데모를 하면서 수업을 결손하고 있는 경우가 있다. 무엇을 위한 등록금인가? 공부를 하기 위한 등록금이 아닌가? 등록금이 비싸다고 공부 안 하고 데모하다보면 등록금은 더욱 비싸지게 된다. 정말 등록금이 비싸고 아깝다고 생각하면 더 열심히 공부해야 될 것이다.

등록금 인상 반대하느라고 수업 결손하게 만드는 계산기도 고장 난 계산기이다. 정말 등록금이 비싸다고 느끼는 학생이 있다면 등록금이 아까워서라도 데모하지 않고 더 열심히 공부하게 될 것이다. 사실은 등록금 인상 반대운동을 벌일게 아니라 교육의 질을 높여 달라는 요구가 더 타당하고 정당할 것이다.

교육을 정치에 이용하려는 정치인의 계산기도 고장 난 계산기이다. 교사들의 투표수가 교장의 투표수보다 많다고 계산하여 교사의 인기에 영합하고 교장임기제 같은 것을 선거공약으로 내건 결과 교육 리더십은 점점 떨어져가고 마침내 정치인들조차 존경을 못 받게 되었다. 정치 리더십까지 먹혀들지 않게 되고 교사들의 과격성은 점점 더 강하게 나타나 정치인 자신의 문제로 되돌아오게 된다. 당선되기 위해서 급하게 두들긴 고장 난 계산기의 결과는 자신을 괴롭히는 문제가 될 뿐만 아니라 나아가 교육계와 사회의 무질서를 낳고 말 것이다.

교육조직은 계산에 의하여 이루어지는 조직이 아니다. 교육조직은 조직 속에서 도덕과 규범을 지키고 유지하고자 하는 조직이고, 조직구성원도 이미 조직의 도덕과 규범적 힘을 수락하고 가입한 조직이다.

회사나 기업체, 산업조직은 보상적 힘을 사용하고 사람들은 계산에 의하여 그 보상이 이익이 된다고 계산되면 수락하고 참여하는 조직이다. 계산해 봐서 이익이 되면 참여하고 손해가 되면 참여하지 않거나 참여했다가도 다른 조직으로 떠나는 것이다. 군대나 수용소, 교도소 같은 조직은 강제적 힘에 의하여 질서를 유지하고자 하는 조직으로 조직구성원은 가능한 한 참여하고자 하지 않고 참여했던 사람들까지도 될 수만 있다면 이탈하고자 하는 조직이다.

에치오니라는 사람은 권력과 권한을 어떻게 수락하고 참여하느냐에 따라 조직을 세 종류로 나누었는데 이를 수(응)락이론(compliance theory)이라고 한다.

교육조직을 회사나 기업체, 상업 산업조직으로 착각하고 계산적으로 행동하는 것은 교육조직을 위해서도 조직구성원 개인을 위해서도 슬픈 현상이다.

옛날의 교사가 제자에 대한 도덕적, 윤리적, 규범적 책임 때문에 과외비를 생각하지 않고 밤늦게까지 헌신적으로 일했었는데 현대 교사들이 계산적으로 따지기 시작하니 교육계는 이를 어떻게 감당할 것인가?

국가가 교사에게 충분히 줄 것을 많이 가지고 있고 또 많이 주어도 교사들은 끝없이 계산할 텐데, 더구나 국가는 교사들에게 충분한 보상을 해 줄 엄두조차 내지 않고 있으니 문제는 더욱 심각하다.

교사를 계산적으로 만든 것도 우리 사회이다. 성인군자가 아닌 이상 계산 없이 무조건적으로 헌신적이기만을 요구하던 시대는 이미 지나갔는지도 모른다. 교직에 들어 올 때만 심각하게 가치의 저울질을 해보고 일단 교직에 참여하기로 결정한 사람은 더 이상 고장 난 계산기로 계산을 안 했으면 좋겠다.

국가와 사회는 교사들에게 애쓰고 노력한 만큼 이에 상응하는 응분의 사회 경제적 대우를 해줘야 하는 것은 당연하다. 그리고 일단 교직에 참여한 사람은 계산보다는 윤리 도덕적 차원에 동기를 부여할 때 더 보람 있는 삶을 살 수 있다는 점을 알아야 한다.

벽돌공과 일의 의미

결국 같은 일을 하더라도 일하는 사람이 어떻게 마음을 먹느냐에 따라
일의 질(質)도 달라지고 자신의 행·불행도 결정된다.

한 벽돌공이 벽돌을 쌓고 있었다. 그때 한 사람이 다가가
물었다. "지금 무얼 하고 있소?" "아, 보면 모르시오? 지금
벽돌을 쌓고 있는 것 아니오?"

똑같은 일을 하고 있는 다른 벽돌공에게 가서 똑 같은 질
문을 하였다.

제2의 벽돌공의 대답은 좀 달랐다. "아, 그걸 모르시오? 지
금 집을 짓고 있는 것이오."

똑같이 벽돌을 쌓는 일을 하고 있는데 한 사람은 단순히
기계적으로 벽돌을 쌓고 있다고 생각하는가 하면 다른 한 사
람은 적어도 사람이 들어가서 살 집을 짓고 있는 것이다.

벽돌을 쌓고 있는 또 다른 제3의 벽돌공에게 다가가서 또
다시 같은 질문을 하였다. 이 사람은 "지금 성당을 짓고 있는
중이오."라고 대답한다.

같은 벽돌을 쌓는 일을 하더라도 이 사람은 단순히 벽돌을
쌓아서 임금을 받아먹고 살아간다는 차원을 넘어서 또 같은
건물이라도 단순히 비를 피하고 사람이 잠자고 일하는 주택

이나 사무실의 건물을 짓고 있다는 차원을 넘어서, 역사에 남을 성스러운 성당이라는 작품을 만들고 있다는 차원에서 한 장 한 장의 벽돌을 쌓고 있는 것이다.

이 벽돌공은 벽돌 쌓는 일을 예술적, 작품 활동으로 승화시킨 것이다. 또 벽돌을 쌓으면서 자신이 지은 성당에서 착한 마음을 먹어 인간들이 착하게 살고 혹시 죄지은 사람이 생긴다 하더라도 이 성당에 돌아와 뉘우치고 회개하여 밝은 사회가 되기를 빌고 있을 지도 모른다.

똑같은 일을 하고 있는 이 세 명의 벽돌공 중에서 누가 더 벽돌을 잘 쌓고 일을 잘 할 것인가? 또 누가 성실하게 열심히 일할 것인가? 또 같은 일을 하면서 궁극적으로 누가 더 행복할 것인가? 말할 것도 없이 첫 번째 벽돌공보다는 두 번째 벽돌공이, 첫 번째와 두 번째 벽돌공보다는 세 번째 벽돌공이 더 일을 잘하고, 또 성실하게 열심히 하고, 마침내는 본인도 행복할 것이라고 쉽게 짐작할 수 있다.

결국 같은 일을 하더라도 일하는 사람이 어떻게 마음을 먹느냐에 따라 일의 질(質)도 달라지고 자신의 행·불행도 결정된다는 것을 알 수 있다.

똑같은 조건, 똑같은 상황에서 같은 일을 하면서 어떠한 태도로 일에 임하느냐에 따라 일의 질과 업적, 보람과 행복감도 달라진다. 같은 학교에서 같은 학생을 같은 보수를 받고 가르치면서도 어떤 교사는 만족해하며 보람을 느끼고 행복하게 근무 하는가 하면 다른 어떤 교사는 불만 속에서 불행하게도 교직생활을 하게 된다.

누구에게나 불만이 없을 수는 없다. 또 어느 정도의 불만이 있어야만 인간은 발전할 수 있다는 것은 사실이다. 그러나 지나친 불만은 정신건강은 물론 육체적 건강에도 해롭다.

교직에 대한 불만은 나이든 교사에게 보다 젊은 교사에게 상대적으로 더욱 높은 것 같다. 그러나 한편 생각해 보면 젊은 시절, 인생의 황금기를 불평불만 속에서 하루하루를 보낸다는 것은 본인을 위해서도, 또 그런 교사에게서 배우는 학생과 학부모, 학교와 교직사회 전체, 국가를 위해서도 불행한 일이 아닐 수 없다.

인생 전체를 모두 행복하게 살아도 너무 짧은데 그 짧은 인생 그것마저 불평불만 속에서 불행하게 살아간다면 뭔가 잘못 계산된 것이고 또한 너무나 억울한 노릇이다.

그런데 이러한 행과 불행은 대부분 예의 벽돌공처럼 자신의 마음 속 태도에 달려 있는 것이다. 신나게 살아가고 신바람 나서 학생을 가르치는 일종의 광기가 우리에게 필요하다.

우리가 마음을 어떻게 먹느냐에 따라 세상은 다르게 보인다. 좋게 마음먹으면 세상이 밝게 보이고, 나쁘게 보고 나쁘게 마음먹으면 세상이 어둡게 보인다. 세상을 밝게 낙관적으로 볼 것이냐, 어둡게 비관적으로 볼 것이냐는 전적으로 자신의 마음에 달려 있는 것이다.

기왕이면 세상을 밝게 보고 적극적으로 사고하는 속에서 행복하게 사는 것이 좋다. 괜히 어둡게 비관적으로 보고 불평불만 속에서 아까운 시간을 보낼 필요가 없다. 어둡게 비관적으로 볼 때는 이를 개선하기 위해 노력할 때만 발전할 수 있다.

우리는 인간의 욕망이 무한하다는 것을 알고 낮은 수준의 욕구에는 어느 정도에서 만족하고 보다 높은 수준, 즉 존경의 욕구나 자율의 욕구, 자아실현에의 욕구에 눈을 돌리는 것이 더 현명할지도 모른다. 아니면 차선책으로 자신의 욕구충족을 위해서 최선의 노력이라도 한다면 노력하는 속에서라도 어느 정도 행복해질 수 있을 것이다. 작은 것, 적은 것을 가지고도 행복해질 수 있는 교원은 세상을 밝게 낙관적으로 보는 것이다.

기왕이면 없어진 욕망, 잃어버린 행복을 보지 말고, 채워진 욕망과 행복한 측면을 보고 밝고 신나게 살 수 있어야 한다. 인생 전체를 모두 행복하게 산다 해도 인생은 너무 짧다. 그러니 기왕이면 세상을 긍정적, 낙관적으로 밝은 면을 보면서 행복하게 살아가야겠다.

똑같은 세상이라도 자신의 마음으로 어떻게 해석하느냐에 따라 세상은 다르게 보인다. 같은 일을 하더라도 해석하기에 따라 의미가 달라진다. 앞에서 말한 벽돌공과 마찬가지로 마당을 쓸고 있는 사람도 단순히 마당을 쓸고 있다고 해석하면 별 의미가 없지만 "지구의 한 모퉁이를 쓸고 있다"고 해석하면 의미가 달라진다.

또 거리를 청소하는 미화원이 청소를 하더라도 많은 사람들이 깨끗한 시가지를 보면서 기분 좋게 일하고, 외국의 관광객이 한국에 대하여 좋은 이미지를 갖고 돌아갈 것을 생각하며 청소를 하면 일이 어렵지도 않고 짜증나지도 않으며 즐겁게 일할 수 있을 것이다. 또 이 일로 집안 식구들이 건강하게 살아가고 자식들이 공부해나갈 걸 생각하면 더욱 달라질 것이다.

우리가 하는 일에 무슨 의미를 부여하느냐가 중요하다. 옆에서 보면 어렵게 일할 것 같은 미화원들이 단결하여 거리의 은행잎을 모아 비료공장에 팔아 학생들 장학금을 마련하여 더 어려운 사람을 도와줬다는 기사를 읽을 때 우리는 눈시울이 뜨거워지지 않을 수 없다. 거리를 쓰는 청소 미화원의 빗자락은 골프를 치는 골프채보다도 더 가치가 있고 값질 것으로 생각된다. 골프 치는 사람만 행복하다면 우리는 억울해서 어떻게 살아가겠는가?

똑같이 학생들을 가르치면서 월급 받기 위해서, 처자식과 먹고 살기 위해서 할 수 없이 하고 있다고 생각하면 교사의 위치는 비참해진다. 그러나 인간은 교육을 통해서만 인간이 될 수 있는데 우리가 그런 인간 만드는 일을 하고 있다고 생각하면 교직의 의미는 달라진다. 우리가 하는 일에 올바른 의미를 부여하는 일이 중요하다. 이런 의미를 가지고 일하면 웬만한 어려운 여건도 잘 참아낼 수 있게 된다.

우리는 일을 안 하고 놀 때 느끼는 행복보다 일 자체에서 더 큰 행복을 느낄 수 있다. 어려운 일, 의미 있는 일을 성취했을 때의 성취감, 일을 해낼 수 있다는 능력에 대한 인정감, 일에 대한 책임감, 일로 인한 승진과 발전, 일 자체에서 느끼는 희열과 행복은 어떤 무엇과도 바꿀 수 없다. 이러한 요인들에 의하여 동기 유발된 사람은 일을 둘러싼 환경적인 요인들의 영향을 덜 받는다.

즉 일에 동기 유발된 사람은 보수나 인간관계, 어떤 방침과 감독, 직무안정 등이 어느 정도 나빠도 이에는 별로 개의치 않게 된다. 이것이 허즈버그의 동기-위생이론이다. 앞에서 열거한 후자, 즉 위생요인을 어느 정도 개선시킨 다음에는 전자, 즉 동기요인에 동기유발의 발동을 걸어줄 필요가 있다.

땀 흘려 정상에 오르는 등산하는 사람보고 "내려올 걸 뭐하러 어렵게 올라가느냐"고 묻는 사람에게 우리는 무엇으로 어떻게 설명할 수 있겠는가? 일에 도전함으로써 얻는 행복은 정상을 차지했을 때 얻는 행복보다 더 크고 값지다는 것을 모르는 사람들을 논리적으로 설명하기는 극히 어렵다. 정상에 올라가 보지도 않고 정상을 내줄 때의 슬픔을 걱정할 필요는 없다.

우리는 정상에서 죽치고 살려고 해서는 안 된다. 정상을 내줄 때도 멋있게 행복한 마음으로 내줄 수 있어야 한다. 학생들을 열심히 가르친다고 봉급 더 받느냐고 비아냥거리는 교직문화가 열심히 정상에 도전하는 등산가 선생님을 힘 빠지게 한다. 용기를 불어 넣어주는 문화를 형성하기 위해 다 같이 노력해야겠다.

일도 살아가기 위한 수단으로 간주될 때는 재미가 없고, 재미없으면 힘들고 불평은 늘어나게 된다. 일 자체가 목적이 되어야 할 것이다.

공부도 수단이 될 때 재미가 없다. 시험공부가 재미없는 것은 수단이기 때문이다. 공부 자체에서 재미를 찾을 수 있도록 해줘야 한다. 먹는 일도 살기 위해서 억지로 먹는다면 약 먹는 일처럼 재미없다. 운동과 스포츠도 건강을 위해 억지로 하게 되면 재미없게 된다.

모든 하는 일에서 의미를 발견할 수 있도록 하여야 한다. 교원들이 하는 일이야 말로 의미 있는 일이 아닐 수 없다. 내가 가르친 대로 학생들이 생활하고 살아가는 모습을 보면서 보람을 느낄 수 있다. 이런 보람을 못 가진다면 교직은 재미없는 직업이 아닐 수 없다.

처음에 일에서 어떤 의미를 발견했다고 하더라도 같은 일이 반복될 때 싫증을 느끼게 된다. 그러므로 계속 새롭게 시작하고 새로운 방법에 도전해야 한다. 새로움에 도전하지 않고 반복한다면 교직경력 30년이 3년과 다를 바 없게 된다. 어제와 오늘이 다르고, 오늘과 내일이 달라야 일의 의미, 삶의 의미도 달라진다.

  벽돌공도 일에 의미를 부여함으로써 삶의 의미를 발견하였
다. 교직의 의미를 재음미하여 더욱 삶이 보람되게 하여야겠
다. 교사를 지원해 주고 행정 하는 일에서 교직의 보람과 삶
의 의미를 찾아야 할 것이다.

아빠, 공부 좀 하세요

제 일을 하면서 제 모습을 하고 있을 때
그 사람은 행복해 보이고 아름답게 보인다.

오늘 부끄러운 이야기를 털어 놓아야 할 것 같다. 나는 학생들보고 '공부해라, 공부해라'하는 것은 쓸데없는 짓이고, 또 '공부해라' 소리를 듣는 요즈음 아이들은 너무나 행복에 겹다고 말한 적이 있다.

학생들은 원래 맡은 직분이 공부하는 일인데 오죽 공부를 안 하면 선생님이나 부모님으로부터 '공부해라' 소리를 들을까? 아이들이 공부하라는 소리를 하도 많이 들으니 이제는 아주 타성에 젖어서 귀에 들리지 않거나 오히려 자장가 소리 정도로 들리게 되고 마침내 입에 발린 '공부해라' 소리는 충고나 지시로서의 의미를 잃어버리게 된다.

'공부해라' 소리는 무의미하게 될 뿐만 아니라 오히려 역효과를 내게 된다. 부모님이나 선생님으로부터 하도 많이 '공부해라' 소리를 듣다보니 이런 아이들은 자기들이 공부하는 것이 마치 '부모님이나 선생님을 위해서 공부하는 것'으로 착각하게 된다. 마치 남을 위해서, 부모님이나 선생님을 위해서 공부하는 것으로 아이들이 착각하게 되는 것이다.

자기 자신을 위해서 공부하고 자기 자신을 위해서 살아가는 자기 책임의식을 갖도록 하는 일이 '공부하라'고 하는 일보다 더 중요하다. 자기 인생은 자기 책임 하에 산다는 의식을 철저히 심어주는 일이 중요하다고 본다. 어차피 부모나 교사가 자녀나 제자 대신 인생을 살아주지 못할 바에는 '네 인생 네가 선택하여 살라'고 하는 일이 '공부해라'고 말하는 것보다 더 강조되어야 한다.

'공부해라, 공부해라'하는 말을 입 밖에 내지 말고 아이들로 하여금 더 공부하고 싶게 만드는 일이 한 차원 더 높은 동기유발 방법이다. 그 다음 수준이 '공부해라'는 직접적인 말을 쓰지 않고도 아이들로 하여금 공부하지 않고는 못 배기게 만드는 일일 것이다.

그래서 나는 가능한 한 내 학생과 내 자식들에게 '공부해라'하는 말을 잘 하지 않는 편이다. 자식들이 고3때 태연히 TV를 보거나 시간을 낭비하고 있을 때 조바심이 나서 '공부해라'하는 말이 거의 목까지 올라와도 참고 돌려서 다른 말로 표현하곤 하였다.

나는 어려서 선생님이나 부모님으로부터 '공부해라'는 말을 별로 들어본 기억이 없다. 오히려 그 반대로 '공부하지 말라', '공부 그만 해라'하는 말을 더 많이 듣고 자랐다. 특히 어머님으로부터는 '공부 그만 하고 자거라'하는 말씀을 너무나 많이 듣고 자랐다.

그래서 지금도 밤늦게 강의준비를 하거나 글을 쓰고 있을 때면 어머님께서 오셔서 '공부 그만 하고 자거라'하는 말씀을 하실 것만 같은 착각을 느낀다. 그러면서도 때로는 감자나, 고구마 찐 것을 가져다주시거나, 동치미나 무, 누룽지 같은 것을 가져오실 것만 같은 느낌을 가끔 갖는다.

결혼 후에는 어머님 대신 아내로부디 '공부 그만하라'는 말을 들으면서 야간대학교와 대학원 공부를 해왔다. 석유 기름 닳는다. 몸 해친다. 공부 그만 해라 하는 소리를 어머님으로부터 아내로부터 번갈아 들어가면서 자라오고 생활해 온 나에게는 '공부해라' 소리를 들으며 자라는 아이들이 너무 부럽고 너무나 행복에 겹다고 했던 것이다.

남들은 공부 안 하고 배불리 잘 먹고 살더라, 공부하는 길만이 사는 길이 아니라는 소리를 들을 때마다 나는 역으로 어겨서 공부하는 길만이 내가 살아갈 길이라고 생각하고 재미도 없는 공부를 그렇게 했는지도 모른다.

요즘도 가끔 늙으신 어머님께서 오셔서 밤늦게 뭔가를 하고 있는 나를 보시고는 지금도 그렇게 공부할게 남아 있느냐고 하신다. 그러면서 공부도 팔자라고 하신다. 그리고 손녀들이 밤늦게 공부하는 걸 보시고는 꼭 애비 닮았다고 하시는 말씀을 들을 때면 은근히 기분이 좋기도 하다.

평생 '공부해라'하는 말 한번 들어 봤으면 좋겠다고, 그게 소원이라고 생각했던 나에게 그 일이 닥쳐오고 말았다. 부끄러운 일이 생긴 것이다. 그 소리를 마침내 내 자식 놈한테 듣게 되었으니 부모가 되어 이 무슨 창피한 노릇인가? 세상은 거꾸로 돌아가고 있는 모양이다.

미국 시카고 대학에서 박사과정 공부를 하고 있는 큰 딸이 작년 여름방학에 잠깐 다니러 왔을 때 좀 빈둥빈둥 쉬고 있는 나를 보고서는 '아빠, 공부 좀 하세요.'하는 것이었다. 이 자식 놈의 한마디가 나에게 충격을 주었다. 평생 공부해라 소리 한번 들어봤으면 좋겠다고 생각했던 나에게 그것이 현실로 다가온 것이다.

부모님이나 선생님으로부터 어렸을 때 들었을 이야기를 어른이 되고 교수가 된 지금에서 자식 놈으로부터 듣게 되다니? 말이 씨가 된다더니 내 평소의 생각이 정말 씨가 되었나 보다.

물론 내 딸 아이가 '아빠, 공부 좀 하세요.'라고 한 말은 농담을 하기 위해서 한 말이지만 동시에 이 말은 진심이라고 생각된다. 딸아이의 이어지는 다음 말은 이렇다. '아빠, 미국 교수들은 비참하게 공부 하지 않으면 안돼요. 우리(시카고)대학 교수들이 불쌍해요.' 한 권위 있는 교수가 최근 몇 년간 저서와 연구논문을 내지 못하자 학교에서는 몇 년을 기다리다 할 수 없이 3층 넓은 그 교수의 연구실을 1층 좁은 구석 방으로 옮기라고 했다는 것이다. 그 교수는 눈물을 흘리면서 꼼짝 못하고 짐을 싸서 옮기더라는 것이다.

연구 실적이 없는 교수는 더 이상 필요 없다는 것이다. 그렇게 하고도 연구물이 안 나오면 교수는 마침내 학교를 떠나야 된다. 연구실을 옮기라는 것은 하나의 경고적 신호에 불과하다. 이것이 미국 명문대학의 학문세계이다. 내 딸아이는 이 이야기를 하기 위해서 '아빠, 공부 좀 하세요.'라고 했지만 그 말은 나에게 충격적인 경고로 와 닿았다.

나는 그동안 내 나름대로 열심히 한다고 하여 초등학교에서 대학으로 자리를 옮긴 후 보잘 것 없는 것이지만 1년에 두 권 이상의 책을 내고, 전국의 교원연수원을 다니며 장학론·교장론을 강의도 하고, 여기 저기 글도 쓰다가 사실 그 해 여름은 좀 쉬고 있었다. 바로 그 때 내 딸아이로부터 따끔한 침을 맞은 것이다.

항상 책상 앞에 앉아 있는 아빠의 모습을 바라보면서 자라온 내 딸에게는 빈둥빈둥 쉬고 있는, 변한 아빠의 모습이 못마땅하기도 했고, 또 미국 교수의 모습과 대조가 되기도 하였을 것이다.

그렇다. 우리가 선진국을 따라잡는 길은 오로지 공부하는 길밖에 없다. 공부하지 않고 말로만 선진국 운운하는 것은 당치도 않은 일이다. 선진국은 저절로 되는 것이 아니다. 밥숟가락이나 먹고 갈비나 뜯는다고 해서 선진국이 되는 것은 아니다. 선진국의 학생이나 교수보다 우리나라의 학생과 교수가 더 많이 밤을 새워 공부할 때만 우리는 선진국과의 거리를 좁힐 수 있다.

공부하는 선생님이 학생을 공부시킬 수 있다. 교수가 공부하지 않고는 학생에게 질 높은 공부를 시킬 수 없다. 며느리에게 시집살이를 시키려면 시어머니가 먼저 더 시집살이를 하고 괴로움을 감내하지 않으면 안 된다. 정말 어른 노릇하기가 어려운 것이다. 학생들은 공부하는 선생님을 좋아하고 존경한다. 지독하게 공부시키고 철저히 과제물을 확인하고 그 대신 공부시킨 만큼 학점과 점수를 후하게 주는 선생님을 따른다.

요즈음 교육개혁, 대학개혁의 목소리가 높아지고 있다. 우리의 살 길은 이 길 외에 다른 선택이 있을 수 없다. 지금 우리가 이만큼 살게 된 것도 교육 받은 인구가 많이 있어서 경제발전과 국가·사회발전에 교육이 기여했기 때문이다.

그런데 지금까지는 양의 교육 가지고 양의 산업, 양의 경제를 뒷받침해 왔으나 앞으로는 질적 경쟁에서 살아남지 않으면 안 된다. 양으로부터 질로의 전환, 질적 변신, 질적 고도

화를 위해서는 지금까지 우리가 해온 것보다 더 많은 고통과 인내를 감내해야 한다.

비록 자식으로부터 공부하라는 소리를 들어 창피하기는 하지만 지금 이 시점에서 그 소리가 내 귀에 들어온 것은 정말 고마운 노릇이다. 그동안 열심히 살아왔다고 자부하고 좀 안이해지고 안주하려는 때에 이 말로 충격을 받은 것은 그래도 다행이다. 더 허리띠를 졸라매고 더 많은 시간과 정력을 공부하는데 바치고 죽는 날까지 공부하는 일만이 내 직분을 다하는 길이며, 공부하는 일만이 행복한 삶이라고 마음을 고쳐먹게 되어서 다행이다.

제 일을 하면서 제 모습을 하고 있을 때 그 사람은 행복해 보이고 아름답게 보인다. 공부하던 사람이, 공부해야 할 사람이 공부를 안 하면 이상하게 보일 것임에 틀림없다.

옛날에는 선생님이 학생을 보고 '공부해라'고 했는데 거꾸로 학생들로부터 '선생님, 공부 좀 하세요'하는 소리를 듣게 되지 않을까 걱정이다. 이런 현상이 대학과 대학원에서 이미 일어나고 있는 것 같다. 이런 밑으로부터의 압력을 받기 전에 알아서 미리 공부하는 게 좋을 것 같다. '아빠, 공부 좀 하세요.'라고 말해준 자식에게 오히려 감사한다.

봄으로 가르치자

교사는 말로만 학생을 가르치는 것이 아니라
모범적이고 정상적인 행동으로 학생을 가르치는 것이다.

그럴싸한 건의를 자주 잘 하고, 또 비판을 잘 하는 젊은 교수가 있었다. 그래서 그 제안에 대하여 평소에 나도 동감하고 있으니 책임을 맡겨 줄 테니 그것을 계획을 세워서 실천해보라고 책임을 맡겼다. 몇 달이 지나고 몇 년이 지나가도 그 좋은 건의(제안)는 실천되지 못하고 있다. 처음에는 여러 번 확인도 해보고 관심을 보였으나 한 학기가 지난 후부터는 아예 포기해버린 상태이다. 계획 없는 말, 심사숙고하지 못한 그럴싸해 보이는 건의나 제안도 막상 본인이 실천해 보려면 어려운 것이다. 그러나 그런 제안이나 건의도 받아주지 않으면 불평과 불만으로 비화되기 쉽다. 본인은 실천하지 못하면서 불평불만 하기는 쉽다. 책임을 맡겨줘도 실천하지 못한 그 교수는 더 이상 다른 것을 제안하지도 못하고 불평불만도 못하게 되었다. 말하기는 쉬워도 행동으로 실천하기는 어렵다.

그동안 교사는 입 가지고, 말로 먹고 살아왔다. 말 못하는 교사는 별로 보지 못했다. 말로는 그렇게 애들을 잘 가르치면서 선생님은 왜 그렇게 성공하지도 못하고 또 그렇다고 존경받지도 못하는지 모르겠다. 그래서 그런지 경제학자나 경영학자이면서 자신은 돈을 벌지 못하고, 농업학자가 농사를 잘 짓지 못하고, 교육학자의 강의가 재미없고 또 교사가 자기 자식 교육은 잘못하는지도 모른다. 말로만, 이론적으로만 잘 하고 실제는 그렇지 못해서 그런가 보다. 학자들은 이론가와 실천가가 서로 달라서 그럴 수 있을지 모르나 초·중등학교에서는 이론 따로 행동 따로가 가능할 수 없다. 이론과 실제, 말과 행동이 일치 되어야 하는 것이다.

선생님이 하루 동안 쏟아 놓는 말이 얼마나 될까? 입을 열고 말하는 시간은 24시간 중에 몇 시간이나 될까? 단어 수, 어휘의 수는 얼마나 될까? 또 나처럼 글까지 쓰는 사람은 또 얼마나 많은 글자와 단어, 어휘, 문장을 낭비하고 종이를 축내는 것일까? 그렇게 선생님이 많이 쏟아놓고 내뱉어놓은 말과 글 중에서 학생들, 독자들의 마음속에 느낌과 기억, 새김과 의미를 심어주고 지나가는 것은 과연 얼마나 되는 것일까? 내가 30년 동안 교사(교수)를 하면서 쏟아 놓은 말과 글 중에 학생(독자)들에게 어떤 의미를 심어 주지 못했다면 그것은 결국 학생(독자)들에게 소음과 공해를 일으킨 것에 불과하다. 요즈음 말로 환경범죄를 일으킨 것이다. 학생들을 가르치자면 말을 안 할 수는 없겠지만 가능한 한 말과 언어를 절제할 필요가 있다.

교육에서 듣는 것보다는 보는 것이 더 효과적이고 보는 것이 믿는 것이라는 말은 흔히 있는 말이다. 그렇다면 교사도 말을 절제하고 대신 학생들에게 보여주는 교육을 해야 할 것이다.

수업시간에도 말로만 가르치는 것보다는 시각자료를 함께

사용하는 것이 더 효과적이고, 촉각자료까지 사용하는 것이 보다 더 효과적이라는 것은 선생님이라면 누구나 다 잘 알고 있는 사실이다. 간접경험보다 기능하다면 직접경험을 하면 더욱 좋다. 학생들에게 있어서 교사는 항상 가장 중요한 시각자료가 된다. 선생님의 말씀 한 마디 한 마디, 복장, 얼굴 표정, 걸음걸이 하나하나가 모두 가장 중요한 배울 거리가 된다. 교사가 모범이 되어야 하기 때문에 사범이라 했고, 사범학교를 "Normal" School이라고 했다. 규범을 지키는 모범이 되는 정상적이란 뜻을 내포하고 있다. 교사는 말로만 학생을 가르치는 것이 아니라 모범적이고 정상적인 행동으로 학생을 가르치는 것이다. 입으로 가르치는 것이 아니라 몸으로 가르치는 것이다. 모범이 되기 싫고, 제약받는 것이 싫고, 제멋대로 살고 싶다면 교직을 미리 포기할 수밖에 없다.

저녁식사 자리에서 한 선생님에게 술을 권했더니 차를 운전해야 하기 때문에 못 마시겠다고 사양하였다. 조금은 괜찮지 않느냐, 집에 가는 길에 검사하는데도 없지 않느냐 하면서 몇 사람이 한두 번 더 권유하는 소리가 들렸다. 술을 좋아하는 그 선생님이었지만 완강히 술을 거부했다. 얼굴에 표가 나느냐 안 나느냐와, 중간에 검사하는 경찰이 있느냐 없느냐가 중요한 게 아니다. 문제는 대한민국에서 교사가 교통규칙을 지키지 않으면 그 누구보고 교통규칙을 지키라고 하고 또 우리나라에서 교통규칙이 지켜지기를 기대할 수 있겠느냐는 반문을 좌석을 같이하고 있는 사람들에게 하는 것이었다. 나는 그 자리에서 그 선생님에게 존경심을 표하지 않을 수 없었다. 저런 선생님이 있기 때문에 그래도 우리 사회는 지탱이 되고 또 한 가닥 희망이 남아있는 것이다. 교사에게 대우해주는 것은 없더라도 반대로 지킬 것은 많다. 교사의 자존심을 걸고 교사가 지킬 것은 지켜줘야 한다. 그래야 추락된 교사의 권위도 찾을 수 있고, 사회적 지위도 확보하는데 도움이 되고 존경도 회복할 수 있다. 교사는 말로만 가르치는 것이 아니라 사회에 대하여 행동으로 보여줘야 한다. 사회에 대하여도 교사는 말이나 글로 말하기 보다는 행동으로 말하는 것이 더 설득력이 있다.

다른 사람이야 뭐라고 하든 나는 내 방식대로 살아간다는 원칙을 세워놓고 그렇게 살아갈 때 마음이 편하다. 좀 손해 본다고 생각되더라도 원칙대로, 법대로, 규칙대로 살아간다고 마음먹을 때 마음은 편하고 또 그 만큼 마음으론 여유가 생기고 부자가 된다. 좀 돌아서 갈 것인가 아니면 변칙을 써서 질러갈 것인가 고민할 때 마음은 괴롭고 불안해진다. 노란불일 때 건너갈 것인가 기다릴 것인가 순간적으로라도 고민하기 보다는 차라리 항상 기다린다는 원칙을 세워놓고 살아간다면 편하게 이 세상을 살아갈 수 있다. 새해에는 원칙대로 살아갈 것이라는 원칙을 세워놓고 평화롭게 살아가는 게 좋겠다.

내가 실천하지 못하는 것이라도 학생들에게 가르치기는 가르쳐야 한다. 그래야 교사보다 더 훌륭한 제자가 나올 수 있다. 교사가 가지고 있는 능력 그 이상을 학생들에게서 요구할 필요가 있고 또 요구해야 한다. 학생들은 잠재 가능성이 많기 때문에 교사가 못하는 것도 해낼 수 있다. 그러나 교사가 할 수 있는데도 하지 않으면서 그것을 학생들에게서만 요구할 때는 양심에 걸리게 된다. 양심에 걸리는 일이 이 세상에서 가장 괴로운 일이다. 양심에 걸리지 않게 사는 일이 가장 행복한 삶이다. 일단 새해에는 내가 할 수 있는 일만, 하고 있는 일만 학생들에게서 요구한다는 원칙을 세워놓고 학생들을 가르치면 어떨까? 또 학생들에게 하라고 요구한 것은 교사 자신도 실천하려고 노력하는 새해가 된다면 학생도 발전하고 교사도 발전하는 계기가 될 것이다.

장사꾼은 맨 날 밑진단다. 그 말이 거짓말이려니 모든 사람이 믿고 있다. 그러다 보니 진짜 밑지고 팔 때도 사람들이 장사꾼이 밑지지 않으려니 믿게 된다. 장사꾼은 거짓말을 해도 크게 흠이 되지 않는다. 정치인도 권력을 잡기 위해서 거짓말을 하고, 술수를 써왔다. 그러다 보니 오늘날 정치인들은 국민들로부터 신뢰를 잃어왔다. 이제는 한 나라의 대통령이 뭐라고 해도 국민들은 도무지 믿지 못하게 되었다. 마침내는 대통령이 국민들 보고 "믿어주세요"라고 하면서 믿음을 구걸하게까지 되었다. 이제 국민들도 각박해지고 인색해져서 대통령에게까지 좀 체로 믿음을 주려하지 않는다. 다시는 이런 일이 없도록 한다고 해놓고 그런 일이 자꾸만 반복되니 누가 더 이상 믿음을 주겠는가? 불신을 받기 위해서 사과하기 위해서 대통령이 되려고 그렇게 천신만고 고생을 하였는가? 이제는 말이 필요 없고 글이 필요 없다. 행동으로 보여주고 증명 해주는 길 밖에 없다. 이제 작은 일을 하려면 작은 거짓말을 조금하고, 큰일을 하려면 큰 거짓말을 많이 해야 하는 때는 지나갔다. 말을 절제하고 행동으로 보여주는 새해가 되어야겠다.

이제 학생들이 교사의 말까지 믿으려 하지 않는다. 학생들이 어디서 많이 속아보았나 보다. 특히 아이들이 어른들한테서 많이 속았었나 보다. 속으면서 살아온 아이들을 말로써 가르치기는 어렵게 되었다. 아이들 가르쳐 먹기가 점점 어렵게 되었다. 이제는 농담이라도 웬만해서는 거짓말을 하지 말아야겠다. 웬만히 절박한 문제가 아니라면 참말만을 하면서 살아가야겠다. 아이들 잘 되게 하기 위해서 때로는 위협을 주고, 과장하고, 거짓말 하는 것까지도 절제해야겠다.

새해에는 몸으로 가르쳐야겠다. 그것이 가장 확실한 교육방법이다. 많은 걸 가르치기보다는 한두 가지라도 확실히 가르쳐야겠다. 아이들도 말보다 실천이 확실하도록 교사의 눈으로 확인해야겠다. 우리 사회는 아는 것이 많은 사람보다 실천하는 사람이 더 필요하다.

4. 교육지도자의 방향제시

아직 아이들도 열심히 공부하고,
학부모의 뜨거운 교육열이 있고, 선생님의
따뜻한 교육애가 있다. 교육 지도자가
이러한 3박자의 열과 사랑을 필요한 곳에
쏟을 수 있도록 해줘야 한다.

이 배는 내 배요
상황 판단력과 융통성
연탄장수 아저씨 선생님
목이 나와야 앞으로 나아간다
생존을 위한 교육
춤을 추어야 하나

이 배(船)는 내 배요

교장은 학교를 이끌고 항해하는 선장에 비유된다.
나침반과 방향타를 가지고 항해하여
교육목표 지점에 안전하게 정박시켜야 한다.

1987년도에 대학평가에 관한 세미나에 참석하기 위해 미국 샌프란시스코에 갔을 때의 일이다. 낮의 세미나 일정을 마치고 저녁에 유람선을 타고 저녁식사를 하며 참석자들 간에 사교의 시간을 갖는 프로그램이 있었다. 배 위에서 식사를 하고 포도주 한 잔을 마시며 밤경치를 즐기는 멋도 괜찮았다. 또 음악을 듣거나 밴드에 맞춰 사교춤을 즐기는 모습을 바라보는 것도 이국적인 정취를 느낄 수 있어 좋았다.

유람선이 두어 시간의 코스를 돌아 다시 제자리로 돌아올 때쯤 나는 밖으로 나와 출구 근처에서 바깥바람을 쐬고 있었다. 배가 선착장 가까이 오자 맨 먼저 선장이 나와 발판을 펴 사람들이 내릴 수 있도록 하였다. 내가 보기엔 1센티의 틈도 없이 정확하게 발판이 깔리는 것 같았다. 선장은 그 발판을 이리저리 밟아 보고, 또 반복해서 내렸다 올렸다 안전도를 확인하고 있었다. 나는 그 모습을 옆에서 바라보며 그 선장의 안전의식과 철저함에 감탄하고 있었다.

그 때 약간 술에 취한 한 미국인 손님이 걸어 놓은 밧줄을 젖히고 내리려고 하였다. 선장은 아직 내리면 안 된다며 다시 밧줄을 걸었다. 그래도 술 취한 그 사람이 내리겠다고 뭐라고 흥얼거리자, 선장은 "내가 내려도 좋다고 할 때까지 기다리라"고 타일렀다. 그러면서도 발판의 균형과 안전도를 이리저리 확인하고 있었다. 내가 보기엔 일곱, 여덟 번은 확인하는 듯했다.

배는 이미 정지했으나 그 때까지 아무도 출구로 나오는 사람도 없었다. 단지 나같이 밖에서 바람 쏘이던 몇몇 사람들이 있을 뿐이었다. 그 때 술 취한 그 사람이 다시 불평 비슷한 말을 하며 내리겠다고 하였다. 선장은 정색을 하며 큰 소리로 "이 배의 선장은 나요. 이 배는 내 배요"라고 말하는 것이었다. 조금 전에 있었던 그 친절과 부드러움이 다 어디에 갔는지 모를 정도였다. 그렇게 엄하고 당당할 수가 없었다. 술 취한 그 사람도 취중임에도 불구하고 더 이상 꼼짝 못하고 말았다. 몇 번 더 확인하고 나서 선장은 고리에 걸었던 밧줄을 젖히고 그 자리에서 배가 도착하였으니 내리라는 방송을 하였다. 한 사람 한 사람이 내릴 때마다 친절하게 인사를 하고 때로는 손을 잡아주기도 하였다. 조금 전의 그 엄격함이 또 어느 결에 사라지고 저렇게 친절이 나올 수 있는 것인지 의심스러웠다.

나는 배에서 내려서도 그 곳을 떠날 줄을 모르고 끝까지 그 선장의 모습을 지켜보았다. 선장은 마지막으로 남아 있는 손님이 있는지 확인하려고 배 안에 잠시 들어가는 순간에도 밧줄을 걸어놓고 들어갔다. 손님 전원이 선장의 책임 하에 백퍼센트 내리게 하려는 것이다.

조금 전까지의 화려한 밴드 소리는 사라지고 배 안은 다시 고요함이 흐르고 있었다. 그 선장의 안전에 대한 책임과 철저함에 나는 감탄하지 않을 수 없다. 우리는 언제 이런 나라를 따라가나? 얼마 전에 위도 앞바다에서 서해 훼리호 침몰 사고가 있었다. 너무나 어처구니없는 일이라서 뭐라고 꺼낼 말이 없다. 1센티의 틈도 없이 해 놓고도 몇 번씩 확인을 하면서 이 배는 내 책임 하에 있다고 호령하던 미국 선장의 모습과 너무나도 비교가 된다.

배에 관한 한 모든 권한과 책임은 전적으로 선장에게 있다. 배에 사람을 태우고, 안태우고의 결정은 물론 출발 여부의 결정도 선장이 한다. 선장은 흔히 말하는 배 안에서의 입법, 사법, 행정의 전권을 부여받는다고 한다. 때로는 배 안에서의 난동사건도 일어나기 때문에 배 안의 규율과 질서를 정하고 유지하며, 명령에 따르지 않는 경우 처벌할 수 있는 권한도 모두 선장에게 있다.

동시에 배에 관한 모든 책임도 선장에게 있다. 우선 배에 타고 있는 모든 손님과 승무원을 목표지점 행선지까지 안전하게 항해시켜 줄 책임을 진다. 어떠한 경우라도 선장은 배에서 모든 승객과 선원이 다 내린 다음 제일 마지막으로 내려야 한다. 그리고 배를 자기 몸과 같이 사랑하고 재산을 보호해야 할 책임을 가지고 있다.

항해의 방향타를 잡으면 어떤 풍랑이 닥쳐오더라도 모든 경험과 기술을 동원하여 안전하게 목적지에 도착시켜야 한다. 배가 항해하는 데 항상 순풍에 돛을 달고 휘파람 불며 유쾌한 항해만하는 것은 아니다. 오히려 위험하고 어려운 때가 더 많을지도 모른다. 어려운 때일수록 사람들의 마음이 갈라지고 분열되기 쉽다. 이런 때 선장은 지도력을 발휘하고 주어진 역량을 모두 발휘해야 한다.

사공이 많으면 배가 산으로 간다고 한다. 산으로 가는 것은 그래도 다행이다. 지난 번 사고처럼 배가 침몰하는 것이 더 큰 문제이다. 배는 그냥 멈춰 떠 있을 때보다는 그래도 일정한 방향을 잡아서 갈 때가 덜 위험하다. 우왕좌왕하거나 급선회할 때 더 위험하다. 이러한 때 선장의 강력한 지도력이 요구된다.

교장은 학교를 이끌고 항해하는 선장에 비유된다. 나침반과 방향타를 가지고 항해하여 교육목표 지점에 안전하게 정박시켜야 한다. 교장은 학교에 관한 한 절대적인 권한과 동시에 책임을 진다. 모든 선원에 해당하는 교직원이 일치단결하여 맡은 바 책임을 다할 때 모두가 즐거운 항해를 할 수 있다.

선상반란과 같은 교내 갈등도 책임지고 관리해야 한다. 선장이 애선(愛船)과 생을 같이 하듯이 교장은 사랑하는 학교와 같이 해야 한다. 학교와 교직원, 학생을 진정으로 사랑하지 않고는 교장이 될 수 없다.

그런 의미에서 주인의식, 소유의식 없이 교직원과 교장이 순환근무라고 하여 철새처럼 이리저리 떠돌아다니는 것은 심각한 문제가 아닐 수 없다. 학교운영은 교장의 생을 건 일생일대의 행정작품이어야 한다.

우리 주변에 너무나 많은 사고가 있다. 거리에서, 산업현장에서 귀한 생명이 너무나 쉽게 죽고 또 다친다. 근본적으로 생명을 귀하게 여기지 않고 생명을 존중하지 않는 데 그 원인이 있다.

사람의 생명이었든 동물이나 식물의 생명이든 생명을 귀중하게 여기는 철저한 교육이 이루어져야 한다. 젖을 먹이는 어머니로부터, 가정에서 어릴 때부터 생명을 귀중하게 하는 철저한 교육이 우선 되어야겠다.

모든 일이 살자고 하는 일이 아닌가? 너도 살고 나도 살아야 교육이고 행정이고 있는 것이다. 결국은 윤리 도덕의 부재에서 사고 제일국의 자리를 차지하게 된다. 밑바탕부터가 흔늘리니 사고가 안 날래야 안 날 수가 없다.

가치 혼란과 질서 파괴는 더 많은 생명을 앗아 간다. 생명보다 물질과 돈만을 챙기는 가치전도가 사고를 가속시키고 있다.

와우아파트, 우암아파트, 창선대교, 제주 추자교, 신행주대교가 무너지고 구포역 열차가 떨어지고, 목포발 아시아나 항공기가 떨어지고 서해훼리호, 세월호가 침몰하는 것은 모두 우리나라 윤리도덕이 무너지고 떨어지고 침몰한 그 일부가 겉으로 튀어나온 것 이다. 지금 이 순간에도 윤리 도덕 가치가 무너지고 떨어지는 소리가 여리저기서 들리는 것 같다.

수출용 차는 튼튼하고 내수용 차는 허술하다고 한다. 외국인 생명은 귀중하고 한국인 생명은 아무렇지도 않단 말인가? 자동차 메이커는 모두 돈만 아는 간접 살인자라고 한다. 승객을 사람으로 보지 않고 돈으로 보니 사고가 안 나는 것이 오히려 이상하다. 사람이 사람으로 보이면 정원의 2배가 넘는 승객을 싣겠는가? 우리나라에 정원을 제대로 지키는 교통수단이 얼마나 되는가? 입석버스, 좌석버스, 지하철, 여객선 모두가 정원을 초과하고 있다. 아예 정원개념이 없는 형편이다.

우리나라의 적당주의를 제거하지 않는 한 우리는 사망진단

서를 항상 주머니에 넣고 다녀야 한다. 법과 규정, 규칙이 모두 적당주의로 무시되고 있다. 배도 적당히 만들고, 적당히 고치고, 적당히 정원을 늘리고 그 배에 적당히 대충 싣고 가다가, 어려우면 적당히 돌리면 되고, 또 적당히 끌어 올려 보고, 적당히 매달아두었다가 두 번씩 죄 없는 배만 침몰하게 한다. 적당주의 사람 잘못 만나 두 번 침몰하는 서해훼리호의 운명이 기구하고 불쌍하다.

작은 것이라도 철저함을 가르쳐야 한다. 우리가 정말 알아야 할 것은 유치원에서 다 배웠다. 유치원 교육만 철저히 해도 살아가는데 불편이 없을 것이다. 최소한 서해훼리호 침몰과 같은 사고는 안 저지를 것이다.

우리가 학교 교육에 얼마나 많은 양과 시간을 투자하는가? 아무리 많은 것을 가르쳐도 적당히 대충 가르치는 한은 아무 소용이 없다.

자기와 생명을 같이 하는 차나, 비행기, 배는 보통 물건이나 물체와는 다르다. 운명을 같이 하는 생명체나 마찬가지이다. 생명으로 생각하고 아끼고 사랑해야 한다. 그래서 이런 탈것들을 애마(愛馬), 애기(愛機)라고 한다. 이렇게 생명을 같이 하는 것을 아끼고 사랑하지 않을 수 없다. 그래서 틈만 나면 쓸고 닦고 조이고 기름 치지 않을 수 없다.

선장이 사람은 고사하고 진정으로 서해훼리호와 세월호를 사랑하기만 했더라도 그렇게 무지막지하게 승객과 화물을 실을 수는 없었을 것이다.

이용과 미용은 이발사와 미용사에게 맡겨야 한다. 구두를 닦을 때도 구두 닦기에게 맡겨야 한다. 양복을 맞출 때는 양복쟁이에게 맡겨야 한다. 약을 지을 때는 약사에게 맡기고,

수술할 때는 의사에게 맡길 수밖에 없다. 대신, 맡은 사람은 자신의 전문성과 자존심을 갖고 책임 있게 철저한 프로정신에 의하여 끝내줘야 한다.

학교를 책임진 교장은 세계 제일이라는 자존심을 갖고 학교교육을 끝내줘야 한다. 교육부나 학부모의 눈치를 보지 말고 전문성과 원칙대로 학교를 운영해야 한다. 법대로, 원칙대로 옳다고 믿는 대로 살아갈 때 정말 편안하다는 것을 믿어야 한다. 샌프란시스코의 유람선 선장의 인상이 지금도 선연하게 내 눈앞이 다가온다.

상황 판단력과 융통성

교육행정가, 교육 지도자에게는 정확한 상황 판단력과
상황에 맞는 지도력을 길러주는 일이 중요하다.

옛날부터 우리나라에 흔히 알려진 이야기로 엄격하고 철저하게 지켜오던 한자 숙어 『남녀칠세부동석(男女七歲不同席)』이란 말이 있다. 이 말은 남자 아이와 여자 아이가 일곱 살만 되면 자리를 같이 하지 않는다는 뜻이다. 그러니 어른들의 내외야 이루 말과 글로 표현할 수 없을 정도였음은 쉽게 짐작이 가리라 본다. 하지만 점차 현대를 살아오면서 현대 젊은이들로서는 이러한 우리의 과거는 이해하기 어려울 정도가 되어 버렸다. 지금 이야기는 시대에 뒤떨어진 이야기로 들릴지 모른다. 하지만 한번쯤 생각해 볼 필요가 있어서 지면에 옮겨 본다.

과거에 한 사람이 선생님에게 질문을 하기를 "형수님이 물에 빠졌을 때 손을 잡아 끌어내줘야 합니까?"라고 했다 한다. 물론 지금으로서는 문제가 되지도 않고, 질문거리도 안 되는 것이지만 그 당시로써는 심각한 문제였던 모양이다. 상황이 죽느냐 사느냐하는 절박한 처지인데도 시동생이 감히 형수의 손을 잡는다는 것을 심각하게 생각하고 또 중요한 판단을 요구하는 문제로 삼았던 모양이다.

질문을 받은 선생님의 대답은 이러했다. "형수가 물에 빠졌을 때 끌어 낭겨주지 않는다면 그것은 이리나 늑대와 다를 바 없다. 그리고 남자와 여자가 직접 주고받지 않는 것은 예이지만, 형수가 물에 빠졌을 때 손으로 끌어당겨 줌은 권도(權道)라 한다."고 했다. 여기서 권도란 주어진 상황에 따라 마땅하게 처리하는 것으로 마치 무게에 따라 저울추를 움직여 평형을 유지함과 같은 것으로 상도와 구별되는 것이라 한다. 상황에 따라 융통성을 발휘하는 것이 필요하다는 것을 가르쳐주는 이야기가 된다. 예의와 규범이란 것도 상황에 맞게 적용해야 한다는 것을 가르쳐주는 예라 할 수 있다.

예의와 규범 및 규정은 정확하게 지켜야 하지만 때로는 상황에 따라 융통적이어야 한다. 융통적이지 못한 아이는 건널목에서 푸른 신호등만 믿고, 또는 손들고 건너가기만 하면 된다고 믿고 건널목을 건너다가 불의의 사고를 당하는 수가 있다. 우리 교육에 있어서도 획일적이기보다는 융통적인 인간을 키울 필요가 있다고 본다. 장애자 경기에서 일일이 코치의 지시에 따라서 경기를 하다보니 좋은 기회가 왔는데도 슛팅을 못하고 특정 선수에게 의무적, 기계적으로 패스해 주다가 실패하는 것을 보았다. 특정한 두 선수에게 슛팅을 맡기는 틀에 박힌 훈련을 받아왔기 때문이다.

한국 교육에서 이렇게 융통성 없는 측면은 너무나 많이 발견된다. 어떤 학교에서는 영하 3도가 되어야만 난로를 피운다고 규정되어 있기 때문에 바람이 불고 체감온도가 낮아서 너무도 춥게 느껴지는데도 실제는 영하 3도가 안되어 난로를 못 피우는 것을 보았다. 또 숙직교사가 새벽에 전화로 일일이 교장의 허락을 받고서야 난로를 피우게 하는 학교가 있었는데 이는 어떤 경우라도 여자의 손을 잡으면 안 된다는 규칙을 고수하는 융통성 없는 경우와 마찬가지이다.

중국 송나라 양 왕이 전쟁을 하고 있을 때 이야기다. 강 건너에 있던 적군들이 아군 쪽으로 도강을 하여 공격해오고 있었다. 병사들이 말을 끌고 물속에서 허우적거리며 건너오자니 진영과 대오가 흩어지고 엉망이었다. 이때 양 왕의 참모 자어는 왕에게 진언하였다. 이때야 말로 아군에서 공격할 수 있는 절호의 기회이니 빨리 공격명령을 내리라고 진언을 하였다. 그러나 이런 진언을 듣고도 송의 양 왕은 공격명령을 내리지 않았다고 한다. 그 이유는 어찌 어진 임금으로써 싸울 채비도 채 갖추지도 못한 적군을 공격할 수 있겠는가 하는 이유에서였다. 원통하고 분통터지는 노릇이었다.

다음에는 이제 적군이 마침내 강을 건너와 미처 진영도 갖추지 못하고 우왕좌왕하고 무질서한 상황이었다. 자어는 다시 이제 마지막 공격 기회이니 공격하기를 권하였다고 한다. 그러나 송의 양 왕은 다시 어짊을 베풀어서 이제 허겁지겁 강을 건너 진영도 갖추지 못한 적군을 무자비하게 공격할 수 없다고 하면서 또 공격명령을 내리지 않았다고 한다. 속이 터질 것만 같은 자어는 왕을 버리고 도망쳐 결국 송의 양 왕의 군대는 크게 패해 많은 병사가 죽거나 포로가 되어 잡히게 되었다고 한다. 이런 어짊을 송양지인(宋襄之仁)이 라고 한다.

우리는 어질 인(仁)을 가르친다. 그러나 송의 양 왕의 어짊은 어짊이라고 할 수 없다. 싸움을 피하고 다른 방법으로 문제를 해결하는 것은 어진 임금이 할 일이다. 그러나 일단 전쟁을 하게 된 상황이라면 싸워서 이겨야 하는 것이다. 양 왕의 어짊은 어짊도 아니고 전쟁을 지휘하는 지도력을 갖추고 있다고도 할 수 없다.

어짊은 모든 상황에서 통하는 게 아니다. 죽고 사는 전쟁터에서까지 어짊이 통할 수는 없다. 또 지도력도 모든 상황에 맞는 하나의 고정된 지도자의 형태는 존재할 수 없다. 그래서 상황 조건적 지도력(contingency leadership)이 필요하다는 것이다. 지도자와 구성원 사이의 관계성의 좋고, 나쁨, 달성하고자 하는 과업의 구조화의 정도(구조적인 일과 비구조적인 일), 지도자의 지위에서 나오는 지위권력의 강·약 정도, 구성원의 성숙도, 효과성과 비효과 성의 정도 등 상황조건의 배합과 결합에 따라 과업과 생산, 구조 중심의 지도력을 발휘해야 할 것이냐, 아니면 인간관계, 종업원 중심, 구성원에 대한 배려 성을 강조하는 지도력을 발휘해야 할 것이냐를 결정해야 한다는 것이다.

시시각각으로 변화하는 세계에서 하나의 틀에 의하여 구어낸 인간은 더 이상 적응하여 살아남기 힘들다. 기본 지식, 기본 기능, 기본 실력을 갖추고 이를 자신이 처한 상황에 맞게 적용하고 응용하는 힘이 필요하다고 본다. 학교에서 열심히 배우기는 했는데 생활에서 써먹지 못하게 되고, 생활하고 살아가기 위해서는 또다시 별도로 배워야 한다면 문제이다. 더구나 학교의 우등생이 사회의 열등생이 된다면 문제는 더욱 심각하게 된다. 이것을 요령껏 살라는 것으로 오해하지 말고 상황판단을 정확하게 하는 능력을 길러줘야 한다는 것을 강조하기 위한 것이라고 이해해야 한다. 특히 교육행정가, 교육지도자에게는 정확한 상황 판단력과 상황에 맞는 지도력을 길러주는 일이 중요하다고 본다.

상황판단에는 가치가 개입된다. 무엇이 더 가치 있느냐를 판단하게 되는 셈이다. 젊은 중대장과 나이 먹은 하사관 상사와 위생병 셋이 있다. 중대장과 상사가 동시에 부상을 당하여 각각 1리터 식의 수혈을 필요로 한다. 그런데 불행하게도 위생병은 단 1리터의 피 밖에 갖고 있지 못하다. 위생병은 과연 누구에게 수혈해야 하는가? 중대장은 말한다. "나에게 빨리 수혈을 해라, 나는 중대장으로 계급도 높고, 지휘관이니 내가 빨리 나아야 부대를 지휘하여 전쟁에서 이길 수 있다"라고. 이제 상사는 말했다. "위생병, 빨리 나에게 수혈해라. 나는 노련한 전쟁경험을 갖고 있어 나만이 이런 위기에서 전투를 승리로 이끌 수 있으며, 나는 처자식, 노부모를 모시고 있어 내가 죽으면 여러 사람이 불행하게 된다. 더구나 중대장은 총각이고 독신이니 부담도 없는 사람이다." 과연 이런 상황에서 위생명은 누구에게 수혈을 해야 하는가? 이런 경우는 상황판단 이상의 가치판단과 윤리·도덕적 판단을 요구하게 된다. 이렇게 복잡할수록 더욱 고도의 판단력을 필요로 한다. 이런 판단력을 기르기 위해서는 많은 훈련과 사례연구의 경험을 요한다.

자동차 운전자도 짧은 거리를 달리는 동안에도 수많은 상황판단에 의한 의사결정을 하고 금방 행동으로 옮겨야 한다고 한다. 순간순간 정확한 판단을 못 내리면 사고를 당하거나 곤란에 빠지게 된다.

보통 때에는 우수 교사와 평범한 교사 사이에 별 차이가 나지 않는다. 그러나 위기상황에서는 차이가 확실히 난다. 보통 때에는 모든 교사들이 다 비슷한 판단력과 결정을 내리지만 특별한 경우나 위기에서는 처리능력에 있어서 한계를 느끼는 교사들이 있다. 수업이나, 학급 경영, 공무 처리에서 겪게 되는 위기 상황일수록 시간적으로 급한 결정을 요하는 경우가 많다. 이런 때는 엉뚱한 융통적인 생각을 함으로써 의외로 일이 잘 풀리는 수가 있다. 이러한 위기관리 능력도 연습과 훈련을 필요로 한다.

교장은 학교경영에서 교사보다 더 많은 결정과 상황판단을 요한다. 수많은 학생과 교사, 학부모, 여러 지역사회인과 관련 기관의 관련된 일을 하다보면 어려운 난관에 봉착하는 경우가 많으리라고 쉽게 짐작할 수 있다. 이때에 권도와 융통성을 살리는 상황 조건적 지도력이 필요한 것이다. 이러한 상황에서 능력, 문제해결력을 기르기 위해서는 평상시에도 항상 연구하고 대비해야겠지만 특히 사례연구(case study), 게임이론(game theory), 모의실험(simulation) 등의 프로그램은 많은 도움이 될 것이다. 교장, 교감 등 교육행정가가 되기 위해서는 의사가 되기 위해 요구되는 인턴, 레지던트와 같은 수습과정을 두어 상황판단 능력을 기르는 것도 좋을 것이다.

우리의 교육에서 융통적인 사람을 기르기 위해서는 교육자와 교육지도자의 상황판단능력과 융통적인 지도력이 먼저 길러져야 한다.

연탄장수 아저씨 선생님

교사는 자신의 이미지 형성과 창조, 이미지 관리를 위해서
학생들에게 비친 자신의 이미지에 대하여 관심을 가져야 한다.

부모로부터 많은 재물을 물려받은 지방의 한 초등학교 선생님이 재산을 정리하고 서울로 올라가 자녀들을 가르치기로 결심하였다.

지주의 집안에 태어나 부족한 것이 없이 자라나 무난한 교사생활을 하고 있었으나 자녀들을 서울의 좋은 학교에서 가르쳐 출세시키려면 서울로 이사해야겠다는 생각을 한 것이다. 그래서 초등학교 교사직을 사표내고 논·밭·집·산 등 모든 재산을 처분해 서울로 가서 사업을 시작하였다.

그러나 불행하게도 몇 년 못가서 전 재산을 털어 먹고 알거지가 되다시피 하였다. 어떤 때는 시내버스 요금조차도 없어서 창피당하기도 하고, 점심을 굶은 채 먼 길을 걸어 다닐 때도 많았다고 한다. 이런 이야기를 들을 때 필자는 같이 눈물을 흘리지 않을 수 없었다.

자식들 공부시키기 위해서 서울로 올라간 것이 집안이 망하여 한 아이도 중·고등학교도 제대로 못 다니게 되었다고 한다. 수업료도 못 낼 형편이 되어 자식들도 먹고 사는 일을

찾아 나서야 했다고 한다.

겨우 겨우 밑천을 잡아 밥벌이를 다시 시작한 것이 서울의 변두리 철거민 극빈자동네에서 연탄장수와 쌀가게를 겸해서 하는 조그만 구멍가게였다. 어려움을 모르고 자라 지방에서 초등학교 교사로 편안하게 생활하던 사람이 단단히 고생을 하며 인생수업을 한 것이다. 온몸이 새까맣게 되어 산꼭대기까지 지게를 지거나 손수레로 연탄을 날라야 했다.

그런데 당시 서울 시내에 초등학교 교사가 부족하여 전직 교사를 대상으로 채용고시를 실시한다는 공고가 나왔다. 이 연탄장수는 어떻게 하든지 이 채용고시에 합격하여 안정된 직업을 갖는 것만이 살 길이라고 생각하여 수험용 책을 사서 공부를 하기 시작하였다.

하지만 공부할 틈이 별로 없었던 것이 안타까웠다. 밤에도 너무나 고단하여 책을 보기가 어려웠으나 그렇다고 책을 손에서 놓을 수는 없었다.

하느님이 도와주셨는지, 아니면 기본 실력이 있어서였는지 다행히 합격이 되어, 얼마간 기다린 후 주소지인 인근 초등학교에 발령을 받았다. 초등학교 교사직이 그렇게 귀중한 직업인 줄 예전엔 미처 생각조차 못했었다. 검은 연탄장수 옷을 벗어버리고 신사복으로 바꿔 입은 후 꿈에도 그리던 동네 초등학교에 첫 출근을 하였다. 이제는 평생을 교직에서 열심히 제자들을 가르치리라 새로운 각오를 했던 것이다.

그런데 고통의 시간은 다시 찾아왔다. 마침 신학기라 동네 1학년 학부모들이 학교에 와 보니 "연탄장수 아저씨"가 신사복을 입고 학교에 어정거리고 돌아다니는 것이 아닌가?(고학년 담임이었지만) 그리고 교실에 들어가 아이들을 가르치는 게 아닌가? 아이들도 놀라지 않을 수 없었다.

엊그제까지 동네 구멍가게 연탄장수 아저씨였던 사람이 자기들 선생님이라고 하면서 가르치겠다고 앞에 서 있는 것이다. 소문은 전교 전 동네에 일시에 퍼져 나갔다. 연탄장수 아저씨가 아이들을 가르친다는 것이다. 그 반 아이들과 학부모는 연탄장수 아저씨가 아닌 진짜 선생님으로 담임을 바꿔달라고 교장실에 쳐들어가고 난리가 난 것이다.

교장의 입장도 난처하게 되었다. 연탄장수 선생(?)은 그럴수록 더욱 열심히 연구하여 가르쳤으나 "연탄장수 아저씨"의 이미지는 2, 3년 동안 계속 되었다고 한다. 연탄장수의 이미지를 씻는데 2, 3년간의 피나는 노력이 요구된 것이다. 교사의 이미지는 이렇게 중요하다.

교사로서의 권위를 유지하고 존경을 받으면서도 학생들에게 친절하고 사랑하는 것으로 비춰질 때 교사의 교육력과 지도력은 무리 없이 스며들 수 있다. 상대 학생들이 교사의 지도력을 받아들일 태세가 안 되어 있을 때는 몇 배의 많은 노력을 기울여도 그 효과는 줄어들고 또 때로는 역효과를 가져오게 된다.

학생들의 교사에 대한 나쁜 이미지를 말끔히 씻어내고 새로운 좋은 이미지를 심어주기란 심히 어렵다. 그래서 가능하면 초기에 학생들에게 좋은 이미지를 심어주고(형성, 창조해주고) 그 좋은 이미지를 계속 유지하도록 이미지 관리를 잘하는 일이 최선의 방법이라고 할 수 있다.

우리 집 막내가 초등학교 5학년 때 신설학교 분교로 전학하게 되었다. 반이 새로이 편성되어 서로 친구들을 사귀느라고 한 아이를 집에 데리고 왔다. 나는 무심히 담임선생님이 어떤 분이냐고 물었다. 놀러온 5학년 여자아이의 대답이다. "여자 선생님이에요. 한 40대인 것 같아요. 그런데 깍쟁이 같이 생겼어요. 돈만 알게 생겼어요." 끔찍한 말까지 듣게 된 것이다. 괜히 물었다는 생각이 들었다.

어떤 집에서 자랐기에 이렇게 5학년짜리가 까바라졌을까? 처음 만난 사람에게 마치 준비된 말을 하는 것처럼 전연 멈춤도 없이 이렇게 말을 할까? 자기 선생님을 보고 "깍쟁이"는 뭐고 "돈만 알게 생긴"것은 또 무엇인가? 그러면서 덧붙이는 말이 "앞으로 어렵게 됐어요"라는 것이다. 담임선생님을 만난지 불과 이틀밖에 안 됐는데 이런 이미지를 갖다니…….

이런 아이를 어떻게 가르쳐 먹는단 말인가? 나는 더 이상할 말을 잃어버렸다. 물론 이 아이가 선생님을 잘못 보았을 것이고 애가 잘못 되었을 것이라고 믿는다.

그러면 그 40대 여선생님은 전연 책임이 없는 것인가? 나는 그 선생님에게도 책임이 있다고 본다. 어떻게 했으면 아이들을 만난지 이틀 만에 자기반 아이들에게 "깍쟁이"같은 이미지, "돈만 알게 생긴" 이미지를 만들어 주었을까? 그 선생님의 이미지가 학생들에게 상당히 중요하다는 것을 조금만 의식하고 있었더라면 그럴 리가 없었을 것이라 생각한다.

아마 그 선생님이 "교사의 이미지"란 말이 있다는 것만 알았어도 상황은 달라졌을 것이다.

교사는 학생들에게 어떻게 비쳐지기를 원하는가? 똑똑한 사람, 성실한 사람, 엄격한 사람, 꼼꼼하고 치밀한 사람, 사랑하고 친절한 사람……등 주요 이미지(Key Image)를 생각하고 이를 Key Message로 하여 전달하고 이 중에서 하나의 이미지만은 영원히 간직되게 이미지 관리를 해야 한다.

아마 그 학생과 선생님과의 관계는 그 애 말대로 "어렵게" 되었을 것이 틀림없고 별로 가르치지도 못하고 배우지도 못했을 것이다.

교사는 자신의 이미지 형성과 창조, 이미지 관리를 위해서 학생들에게 비친 자신의 이미지에 대하여 관심을 가져야 하고 또 조사해 볼 필요가 있다.

심지어는 글자를 모르는 유치원이나 초등학교 1, 2학년 아이들에게도 여러 질문 항목에 걸쳐 찡그린 얼굴, 평범한 얼굴, 웃는 얼굴을 그림으로 그려놓고 그 중에 해당되는 얼굴에 반응해 달라고 하면서까지 교사의 이미지 조사를 하고 자기 개선에 노력하고 있다.

필자 자신도 필요 이상으로 학생들에게 차디찬 이미지, 너무 엄격한 이미지, 융통성 없는 이미지를 심어준 것을 후회하고 있다. 사(私)적으로 접촉해보면 필자도 뜨거운 가슴과 인정이 있는 것을 느끼게 되는 것도 같은데 공적으로는 지나치게 인정머리 없을 것으로 비쳤던 모양이다.

그리고 필자는 지금까지 어려서부터 "뚝배기보다 장맛"이란 말을 많이 들었다. 어려서부터 허술한 옷을 입고, 아는 체하지 않고, 앞에 나서지 않기 때문에 남들에게 "뚝배기" 밖에 보여주지 못했던 모양이다.

나에게서 진짜 "장맛"을 맛본 사람은 극히 가까운 몇몇에 지나지 않을 것이니 나는 얼마나 손해를 보고 살았는지 모른다. 장맛을 먼저 보게 할 수 있었으면 얼마나 좋았을까? 그러나 성실한 사람, 노력하는 사람으로 비쳐진 것은 좋았던 것 같다.

얼마 전에 "꼭 초등학교 교사" 타입이란 말을 들었는데 나는 이 말을 정말 자랑스럽게 생각한다. 아마 째째하고 치밀하다고 해서 가진 이미지일 것이다. 지금 대학에 와 있지만 매사에 초등학교 교사처럼 철저하면 틀림없다고 본다. 우리나라 교육이 초등학교에서 중·고등학교, 대학으로 올라올수록 잉터리인 것에 나는 일종의 불만을 갖고 있다.

선생님 입장에서 보면 학생들이 교사 앞으로 지나가고 졸업을 하지만 학생의 입장에서 보면 자기들 앞으로 교사들이 지나가는 것이다. 마치 심사위원들 앞으로 야회복을 입은 미인대회에 나온 미인들이 억지 미소와 모습을 보이면서 지나가는 것처럼 교사들이 학생들 앞으로 지나가는 것이다. 아이들 앞을 지나가면서 모든 선생님들이 "공부 잘해라," "몸 튼튼해라"라는 말은 다 한다.

그런 말을 1년 동안 목청이 터져라 아무리 떠들어 보았자 학생들에게는 선생님으로서의 이미지는 남아 있을 리 없다. 그 이외의 어떤 다른 이미지를 학생들에게 남기도록 연구해야 할 것이다.

기왕이면 학생들에게 좋은 이미지를 심어주고 그 이미지를 잘 관리하기 위해 지금부터라도 노력해야 할 것이다. 콧수염의 이미지, 나비넥타이의 이미지, 검은 고무신에 베적삼의 이미지……유명인사, 상품도, 건물도, 기업체도, 어떤 단체도 자신들의 이미지 창조와 관리를 위해 이미지 경쟁을 하고 있다.

이미지를 잘못 심어주고 잘못 관리하는 사람도 손해지만 타인에 대하여 나쁜 이미지를 갖는 사람도 똑같이 불행하다. 이들 사이에 좋은 인간관계를 형성하기 어렵게 되기 때문이다.

우리는 다른 사람에 대하여도 좋은 이미지를 가지려고 노력할 필요가 있다. 교사는 자신의 이미지 관리도 잘해야 하지만 학생이나 학부모, 교장, 근무하는 학교, 교직에 대하여 좋은 이미지를 가지려고도 노력해야 한다.

목이 나와야 앞으로 나아간다

발전하는 자는 어디론가 떠난다.
스승이 파놓은 샘물을 흠뻑 퍼마시고는 어디론가 떠나
스승과 쌍벽을 이루는 또 하나의 일가를 이루는 스승이 된다.

뱀목 거북이는 목이 나와야 앞으로 나아갈 수 있다는 이야기를 한 적이 있다. 목이 두려워 갑옷 속에 숨겨진 상태에서는 발이 작동할 수 없어 자동적으로 앞으로 걸어갈 수 없게 되었다는 이야기다. 목이 두려우면 발전할 수 없다는 뜻이다. 무모하게 목을 내놓는 것은 만용이지만 어느 정도 적당한 수준에서는 모험을 걸어야만 승산과 발전이 있다. 목이라고 해서 반드시 생명을 건 목을 의미하는 것은 아니다. 실패의 모험을 의미한다고 보아야 할 것이다. 실패가 두려우면 발전하기 어렵다. 모험이 적으면 적을수록 생산과 업적은 적어질 수밖에 없다(Lower Risk, Lower Yielding).

목을 갑옷 속에 오랫동안 넣어 놓고 일생을 보낼 것인가, 아니면 위험하더라도 목을 내놓고 밝은 세상을 살아갈 것인가를 심각하게 따져 봐야 할 것이다.

발전하는 자는 어디론가 떠난다. 스승이 파놓은 샘물을 흠뻑 퍼마시고는 어디론가 떠나 스승과 쌍벽을 이루는 또 하나의 일가(一家)를 이루는 스승이 된다.

스승의 그늘이 그리워 스승의 품에 안주하는 제자는 대가가 될 수 없다. 자신(스승)보다 더 훌륭한 제자를 길러내는 스승이야말로 위대한 스승이다. 동시에 스승 곁을 흘연히 떠나는 제자 또한 큰 제자임에 틀림없다.

부모 자식 간도 마찬가지이다. 부모 슬하만큼 포근하고 편안한 곳은 이 세상 그 어느 곳에도 없다. 그러나 부모 슬하를 떠나지 못하는 사람은 발전하기 어렵다. 부모도 자식이 떠나야 될 때, 독립해야 될 때에는 사정없이 쫓아내야 한다.

마치 새끼 떼는 엄마소처럼 뒷발로 차내야 하고, 엄마 닭처럼 사정없이 쪼아대야 한다. 그래야 큰 사람을 길러낼 수 있다.

우리나라의 경우 자식들이 독립하는 시기가 너무 늦다고 한다. 부모와 스승은 사자 새끼와 같은 자식과 제자를 길러내야 한다.

어미 사자 밑에서는 재롱부리는 귀여운 새끼이지만 자라서는 어미 사자 곁을 떠나 다른 산골짜기의 또 하나의 동물의 왕으로 군림하는 것이다. 미지의 세계가 두려워 스승과 부모 곁을 떠나지 못하는 자식과 제자는 백수의 왕인 사자가 되기 어렵다.

실패가 두려우면 큰 사람이 되기 어렵다. 걸음마 배우는 어린이는 수없이 넘어져 무릎이 까지는 속에서 더욱 단단해진다.

인간은 수없이 넘어지는 속에서 큰 사람으로 우뚝 설 수 있다. 넘어져 일어서지 못하고 말면 실패로 끝나지만 넘어졌다가도 다시 일어서면 실패가 아니라 성공이 되는 것이다.

지금 각 분야에서 성공했다는 사람들은 모두 어려서, 젊어서 누구보다도 더 많은 고생과 실패의 경험을 가지고 있는 사람들일 것이다.

실패의 경험 없이 성공만 하겠다는 사람은 실패로 끝나고 말 사람들이다. 실패를 성공으로 전환시키려는 노력이 반드시 뒤따라야 성공도 가능하다. "실패 또는 오류의 교육석 의미 또는 활용"이란 말이 있다. 신이 아닌 이상 인간은 실수나 오류를 저지르지 않을 수 없다.

교사는 학생의 실수나 실패·오류에다 교육적으로 의미를 주고, 이를 활용하고, 전환시켜 주는 일을 해야만 한다. 실수나 오류로 끝나고 말게 하려면 교사는 있으나마나다. 학생의 실수나 실패를 꾸짖더라도 반드시 이를 이해하고 수긍할 수 있도록 해주는 뒤처리가 중요하고 또 필요하다. 어린이와 젊은이들이 실수나 실패를 두려워하지 않도록 지도하고 교육하여 성공의 밑바탕으로 다지는 일이 중요하다. 목을 두려워하고, 떠나기를 두려워하고, 실패를 두려워하지 않도록 어린이와 젊은이를 격려하는 교육적 분위기를 형성해야겠다.

성취인의 심리와 관련된 및 가지 이야기가 있다. 유원지나 놀이터에 가면 고리를 던져 거는 게임이 있다. 어떤 사람이 아이들에게 실험을 하였다. 거리를 정하지 않고 고리를 던져 걸면 상품을 준다고 한 것이다. 물론 고리를 못 걸어도 벌칙은 없다. 대부분의 아이들이 가까운 거리에서 고리를 던져 걸어 많은 상품을 받으려 하는데 몇몇 아이들은 자기들이 걸 수 있다고 판단되는 거리를 재며 가능한 멀리 떨어져서 하나하나 신중하게 던지더라는 것이다. 아이들의 성취조사를 해보니 멀리서 하나하나 신중하게 던지던 아이들의 점수가 높게 나오더라는 것이다. 성취도가 높은 사람은 어느 정도의 고리가 걸리고, 안 걸리고의 모험을 즐기는 것이다. 쉽게 얻는 것은 쉽게 사라지고, 얻는 재미도 줄어든다.

또 어떤 사람들이 어른들을 대상으로 연구를 하였다. 사람을 대상으로 실험을 하는 것이 바람직하지는 않다고 생각하지만 어쨌든 결과가 재미있다.

임시 신입사원을 구한다는 광고를 내어 사람을 모았다고 한다. 그리고는 하루 종일 신문지를 찢어서 연 꼬리 모양으로 길게 잇게 하는 일을 시키고는 퇴근시간이 되면 약속한 일당을 지불하였다. 어려운 일도 아니고, 많이 이었는지 짧게 이었는지 재어보지도 않고 일당을 받으니 이처럼 좋은 돈벌이가 없는 것이다. 2, 3일이 지나자 이런 좋은 돈벌이를 안 하고 그만 두겠다는 사람이 하나씩, 둘씩 생겨나기 시작하였다. 1주일, 2주일, 한 달, 두 달이 지나자 그만 둔 사람이 많아졌지만 아직도 남아있는 사람도 있다.

그만 둔다는 사람들을 면접하였었다. 왜 이런 좋은 돈벌이를 그만 두려고 하느냐는 질문을 한 것이다.

첫째 이유는 "하는 일에 의미가 없다"는 것이다. 하루 종일 신문을 길게 이어서 무엇에 쓰자는 것이냐는 반문이다. 자신들이 돈 받고 한 일이 아무 의미(meaning)가 없기 때문에 돈벌이라도 그만둔다는 것이다.

둘째는 "일에 도전감이 없다"는 것이다. 일이 어느 정도 어렵고 힘들어야 하는데 하루 종일 단순하게 신문지를 쭉쭉 찢어서 붙이기나 하니 일에 재미가 없다는 것이다. 또 발전성이나 장래성이 없다는 것도 중요한 이유이다.

끝까지 남아서 일하던 사람에게도 질문을 하였다. 다른 사람들이 떠나는데 왜 이렇게 끝까지 떠나지 않고 남아서 일하느냐는 질문이다. 돈벌이가 쉽다는 대답이다.

성취도조사를 한 결과 일찍 떠났던 사람의 점수는 높고, 끝까시 님았던 시람들의 점수는 낮더라는 것이다.

성취인은 어느 정도 도전감을 갖는다. 특히 도전은 어린이와 젊은이의 특권이다. 또 성취인은 발전성과 장래성을 생각한다. 희망과 꿈을 소중히 여기는 것이다. 희망과 꿈도 어린이와 젊은이의 특권이다.

또 우리가 하는 일에 어떤 의미를 부여할 때 우리는 행복하다. 무의미한 일을 하면서 시간을 보낸다는 것은 불행한 삶을 사는 것이다.

의미 있는 일을 한다고 생각하면 남들이 싫어하는 감옥에서도 행복을 느낄 것이다. 역사 속에서는 의미 있는 죽음을 스스로 택한 사람도 많을 것이다.

요즈음 망하는 회사가 많이 생긴다고 한다. 외국에서 있었던 이야기이다. 한 사람이 회사의 문을 닫으면서 회사를 청산하여 퇴직금을 나누어 주며 언제 다시 회사가 복구되면 다시 부르겠노라고 언질을 주었다고 한다.

한 연구자가 이 실직한 종업원들을 관찰하게 되었다. 어떤 사람은 당장 새로운 일자리를 찾아 나서는데, 어떤 사람들은 퇴직금을 다 까먹으면서 망한 회사에서 언젠가는 불러주겠지 하면서 막연한 기대를 하더라는 것이다.

말할 것도 없이 전자의 성취검사 점수가 높고 후자의 점수는 낮더라는 것이다. 성취인은 새로운 시작을 하며 행동으로, 실천으로 옮기는 것이다.

아무리 좋은 것이라도 생각만 하고, 머리속에만 있으면 성취하기 어렵다. 생각도 중요하지만 마무리는 행동으로 옮기는 일이 필요하다. 한국인 우리에게 필요한 것은 행동과 실천이다. 만주 벌판에 말 달리던 우리 한국인의 조상은 분명 진취적 민족의 상징이었다. 그런데 언제부터인지 어쩐 일인지 우리 한국인 후손에게는 진취성, 도전감, 기업가 정신 등이 부족하다는 평을 듣고 있다.

그리고 세계 여러 나라의 교과서를 분석해보면 진취적인 내용, 모험과 도전을 다루는 내용이 많은데, 우리의 교과서에는 그런 내용이 적다는 주장이 있어 관심을 끈 적이 있다. 모르지만 정확하고 정밀한 분석은 아니더라도 우리가 배우고 가르친 기억을 더듬어 봐도 권선징악의 내용이 많았던 것 같다.

요즈음 입만 열었다하면 국제화, 세계화, 개방화라고 하는데 밑바탕부터 진취성과 도전성, 모험성을 길러주지 않으면 말의 성찬으로 끝나버리게 된다.

초등학교의 영어교육도 중요할지 모르지만 중학생부터 철저한 영어교육, 산 영어교육, 배운 것을 써먹어 보려는 용감한 영어교육이 더 필요하고 중요하다. 외국인과 부닥쳤을 때 용감하게 배운 영어를 써먹을 수 있게 가르치는 일이 중요하다. 용기 없으면 외국어를 배울 수 없다.

교육개혁도 저절로 이루어질 수는 없다. 개혁성, 혁신성(Innovativeness)이 있어야 한다. 혁신하고자 하는 의지가 없고 실패가 두려우면 좀처럼 개혁이나 혁신은 이루어지기 어렵다. 개혁에 실패하지 않도록 정확하게 미래를 예측하고 치밀하게 전략과 전술을 짜야겠지만 우선은 혁신성이 높아야 한다.

거북이는 목이 두려우면 앞으로 나아가지 못한다. 발전하는 자는 안주하지 않고 어디론가 떠난다. 그리고 마치 귀소본능의 연어처럼 성공해서 돌아온다. 사자새끼를 길러내듯이 자식과 제자를 길러내야겠다.

에베레스트, 북극, 남극에 한국인의 기상을 심어났다는 소식에 니는 괜히 신나고 기쁘다.

생존을 위한 교육

교육에도 자유시장의 경제원리가 어느 정도 보장되어야 한다.
교육소비자에게 교육 자유선택의 권리가 최소한이라도 보장되어야 한다.

최근 우루과이 라운드로 인한 쌀 개방 문제로 세상이 온통 들끓고 있었다. 이제부터는 쌀뿐만 아니라 모든 상품들이 국경을 넘어 자유경쟁을 해서 살아남아야 할 판이다.

금융시장도 개방해야 할 것이라고 한다. 그 때는 어쨌든 우리나라 보험회사들의 횡포가 사라지게 될지도 모른다. 교육과 문화·예술도 어쩔 수 없이 자유경쟁을 하지 않을 수 없게 될 것이 라고 한다. 금고뿐만 아니라 안방도, 머릿속 정신세계도 까보여 줘야 할 판이다.

이제 이 세상에서 최고만이 살아남고 2등까지도 지구상에서 사라지지 않을 수 없게 될지도 모른다.

우루과이 라운드에 이어, 다음 차례는 환경에 관한 그린 라운드의 태풍이 미구에 닥쳐올 것이라 한다. 7년 동안 우루과이 라운드에 대비하지 않아 충격을 받았듯이 그린 라운드에 미리미리 준비하지 못하여 또 당황하게 되지 않을까 걱정이다.

환경에 관한 것도 선진국들은 이미 자기들 스스로 쾌적하게 살기 위하여 철저히 관리해 나가고 있다. 그런데 환경은 자기나라만 잘 관리해 나간다고 될 일이 아니다. 중국 공장에서 공해를 일으킨 것이 곧장 우리나라로 넘어와서 우리나라 대기를 오염시키고 산야를 산성화시키고 있다.

이렇게 되니까 선진국들만 환경관리를 해가지고는 아무 의미가 없게 되므로 그린 라운드라는 것을 만들어 후진국들까지 통제하려는 것이다. 선진국들 자신이 얼마 전까지 공업화, 산업화하느라고 공해를 일으켜 후진국들에게 피해를 줄 때는 아무 소리 안 하고 있다가 이제 후진국들이 산업화하려 하자 이런 환경규제를 들고 나오는 것이다.

약자만 계속 당하게 된다. 억울해도 약자는 어디에 대고 호소할 길이 없다. 원자핵 통제도 마찬가지다. 강자는 가질 것을 다 가지고 약자가 가지려고 하니까 이 핑계 저 핑계로 이를 제재하는 것이다.

우루과이 라운드가 됐건 그린 라운드가 되었건, 하여간 세계는 자유경쟁사회로 넘어가고 있다. 경쟁에서 이기는 자만이 살아남고 지는 자는 사라져야 한다. 게임의 룰(규칙)만 공정하다면 자유경쟁은 자연의 법칙이다. 적자는 생존하고 부적자는 사라진다.

어떻게 보면 이런 사회는 우리가 갈망하던 이상사회이다. 성실하고 근면하며 열심히 머리 쓰는 사람이 잘살게 되어야지 뼈와 골, 어디에 태어났느냐에 따라 잘 살고 못 살고가 판가름 난다면 좋은 사회라고 볼 수 없다.

우리가 양반사회나 공산주의, 사회주의를 배격하고 자유민주사회를 이상으로 추구한 것도 자유와 평등 속에서 능력껏 자유 경쟁하여 살아갈 수 있는 것이 보장되기 때문이다.

그러므로 우리는 경쟁사회를 환영해야 할 일이지 하등 두려워하거나 피할 이유가 없다. 우리가 다만 우리 자신의 유교적 머리 때문에 새로운 세계를 맞을 준비가 안 되었을 뿐이다.

새로운 자유경쟁 사회에서 생존을 위한 교육을 하지 않으면 안 된다. 생존을 위한 교육을 두 가지 측면에서 생각하고자 한다.

첫째는 경쟁 속에서 우리의 교육이 살아남아야 한다는 의미이고, 둘째는 경쟁사회에서 살아남을 수 있도록 경쟁력 있는 교육을, 경쟁력 있는 인간 교육을 해야 한다는 의미이다.

우리의 교육은, 국제경쟁은 고사하고 국내 경기도 제대로 치러 보지도 못한 과보호 속의 국가 독과점 품목이었다. 국가에서 돈과 사람을 대주고 규칙과 규정을 만들어주고 친절하게 모든 세밀한 획일적인 지시사항까지 다 대 주었으니 게임능력이 있을 수가 없다.

심지어는 사립학교까지도 국가가 하향평준화 시켜 놓아 야생적 게임능력, 경기력, 경쟁력을 모두 죽여 놓았다. 어른들은 경쟁할 생각을 않고 애매한 아이들만 불필요하게 극심한 경쟁을 시켜놓고 학생들의 자살까지 구경하고 있다.

우선 학교를 일정한 틀 안에서 자유로이 경영하고 행정 할 수 있게 하여 학교 간에 구별이 생겨야 경쟁의 출발이 가능해지는데 학교가 모두 같으니 경쟁의 싹이 틀 수 없다. 학교 안의 교육과정과 교육 프로그램이 학교 간에 서로 다를 수 있어야 잘 하려는 의욕과 노력이 생기는데 현재로서는 이런 모든 것을 숨도 못 쉬게 모두 막아 놓고 있다.

교육이 인간봉사체제이고, 국민과 학생을 위한 교육이라는 생각만 가져도 달라질 수 있다. 교육의 주인이 국민이고 국가와 교육자는 국민과 학생을 위하여 봉사해야 하는, 국민에게 고용당한 용역회사나 머슴이라는 생각만 갖게 되어도 달라질 수 있다. 주인을 위해서 잘 봉사하려는 마음이 생기게 되어야 한다.

그런데 현재는 거꾸로 돌아가고 있다. 학부모와 국민은 학교에 잘 보이려고 하는데 교육자와 학교는 고자세이고 본질에서 벗어난 곳에는 양쪽이 쉽게 야합하고 있는 현상이나. 학교의 서비스에 불만족이면 학교를 고치거나 바꾸려하지 않고 학교외의 학원이나 개별적 수단으로 욕구를 충족하려 한다. 그러니 학교교육의 경쟁력이 생길 수 없다.

학부모의 학교선택권만 보장돼도 학교는 달라지고 경쟁력은 생길 수 있다. 학부모가 자녀를 보내고 싶은 학교에 마음대로 입학·전학시키게 되면 학교는 달라지지 않을 수 없다. 우리나라에서도 최소한 사립학교만이라도 경쟁 상태로 들어가게 되어야 한다.

학생수 포화상태의 학교가 생기고 반대로 교실이 텅텅 비는 학교가 생기게 된다. 학생수가 넘치면 학부모는 다른 학교를 찾든가 아니면 학교를 늘리는데 협조해야 할 것이다. 잘 가르치는 학교는 등록금을 더 받고 서비스가 좋지 않은 학교는 교육을 값싸게 팔아야 할 것이다.

교육에도 자유시장의 경쟁원리가 어느 정도 보장되어야 한다. 교육소비자에게 교육 자유선택의 권리가 최소한이라도 보장되어야 한다.

국내시장에서 이러한 자유경쟁의 경험을 전연 갖지 못한 우리 교육은 국제시장에서 밀릴 수밖에 없다. 경쟁력 있는 외국학원이 들어오면 우리의 외국어 교육 학원이나 예능 기능 학원은 먼저 문을 닫게 될 것이다.

한 나라의 보통교육까지는 개방하지 못하게 하더라도 대학교육은 개방하여야 할 것인데 비싼 등록금을 받고 양질의 교육서비스를 제공해 주는 외국대학들이 들어오면 그 대학은 성황을 이룰 것이다.

그렇지 않아도 외국유학을 가고자 하는 희망자들이 많은 것을 보면 외국대학은 우리나라에 와서 성공하게 될 것이다. 아니 같은 액수의 등록금을 받고도 외국대학은 우리나라에 와서 훨씬 좋은 교육 서비스를 학생들에게 제공해 줄 것임에 틀림없다.

외국대학이 안 들어온다고 해도 97년 이후부터는 부실대학은 학생이 부족하여 학생구걸을 하러 다녀야 할 것이다. 그 파장은 전문대학에 먼저 오고 다음에는 군소부실대학, 지방대학으로 닥쳐올 것이다.

대학도 살아남기 운동을 하지 않고는 못 배길 것이다. 온실 속에서 하던 대학행정이 비바람 치는 들판에서 야생행정을 해야 한다.

국민들도 자녀를 가르쳐 주겠다고 하면 기꺼이 주머니를 털었었으나 앞으로 교육세를 잘 안내려고 할 것이다. 국민들에게 교육을 제값을 받고 잘 팔지 못하면 교육은 더욱 영세하게 된다.

지금도 학교시설은 은행시설이나 다른 회사 시설보다 뒤떨어지고 있다. 국민 교육열이 높은데도 교육 시설이 뒤떨어지는 것은 교육 상품을 제대로 만들어내지 못하고 또 제 값을 받고 팔지 못하기 때문이다.

우리 교육이 자유경쟁에서 살아남으려면 품질 개선, 서비스 개선을 하지 않으면 안 된다. 이제 우리의 교육도 양으로부터 질의교육으로 질적 도약을 하지 않으면 안 된다. 평등·기회균등의 가치로부터 수월성추구의 가치로 가치전환을 해야 한다.

다음은 우리의 교육이 경쟁사회에서 살아남을 수 있는 인간을 교육해내야 한다는 점에 대하여 언급하고자 한다.

근로자들도 외국근로자와 경쟁하여 이길 수 있어야 한다. 기술자도 우리의 교육을 받은 사람이 기술경쟁에서 이겨야 하고 군인도 대한민국 교육을 받은 군인이 세계 경쟁무대에서 이길 수 있어야 한다. 장사꾼도 정치인도 경쟁력이 있어야 한다.

경쟁사회에서 지는 선수를 양성해 봐야 의미가 없다. 스포츠올림픽의 금메달은 몇 개 나라가 다 자루에 쓸어 담아가고 있다. 나머지 몇 개를 이삭 줍느라고 많은 나라들이 들러리 서고 있다.

경쟁력 있는 인간을 교육하려면 정성이 들어가야 한다. 선생님과의 인간적 접촉이 긴밀해야 하고 선생님의 손때가 묻어야 하다. 코치와 감독에 해당하는 교사나 교육행정가의 질이 우수해야 하는 것은 재론의 여지가 없다. 우수한 교육자를 유치·확보하고 계속 발전시키지 못하면 모든 것이 끝장이다.

우리의 교육주체가 경쟁에서 살아남아야 하고, 국제화·개방화의 경쟁사회에서 살아남을 수 있는 한국인을 교육해내야 하는 생존교육이 요구된다. 생존이 지상최고의 가치가 되고 있다.

교육이, 학교가 살아남아 있어야 교사도 살 수 있고 교육행정도 살 수 있다. 교육이 죽고 학교가 죽으면 그 나라는 희망을 걸 곳이 없게 된다.

춤을 추어야 하나

음악에 맞지 않는 춤, 추고 싶지 않는 억지 춤은 이제 그만 춰야겠다.
춤을 추려거든 음악(교육 목적)에 맞는 춤,
마음에서 우러나는 신나는 춤을 춰야겠다.

젊은이들과 함께 생활하는 나로서는 젊은이들을 이해하고 그들과 같이 호흡하고 싶어서 사정이 허락하는 한 젊은이들의 모임에 나가 어울리고자 한다.

이러한 젊은이들의 모임에는 대개 노래와 대화, 때로는 춤도 따르게 된다. 이 때 흔히 나도 노래나 춤을 지명 받게 되는데 노래와 춤을 잘 못하는 처지인 나로서는 이러한 지명이나 차례에서 피하고 싶으나 피할 길이 없다.

말이 지명과 차례이지 거의 강요와 강제를 당하고 있는 것이다. 못한다고 다음 차례로 넘어가자고 하면 나의 약점을 알아차린 젊은이들은 나를 기죽이기라도 하려는 듯이 목청 높여 더욱 강요한다.

때로는 강의실에서 당한 것을 이런 자리에서 보복이라도 하려는 듯이, 마치 나의 틀리고 못하는 모습을 보고 놀리고 즐기겠다는 태도로 더욱 강력하게 요구해온다. 이렇게 되면 웬만한 강심장이 아닌 이상 억지 춤과 억지노래를 부르지 않을 수 없다.

왜 나는 노래와 춤을 못할까? 책과 노트로 나의 생활 전부를 보내 버려서일까? 책과 노트를 붙잡고 사는 인생이어서 혹시 음정과 박자는 못 맞춘다고 인정하더라도 왜 노래 가사마저 외우거나 기억하지 못하는 걸까? 다른 것은 잘도 외우면서…….

춤은 왜 또 못 추는 것일까? 적당히 흔들거나 발을 옮겨 놓으면 될 것도 같은데 그런 것도 못하다니……. 하여간 나는 젊은이들의 모임에 나갈 때마다 노래와 춤 때문에 부담감을 갖게 된다.

억지로 노래를 부를라치면 그들의 박자를 도저히 맞출 수가 없다. 못 추는 춤을 억지로 추기도 어려운데 음악이나 장단이 갑자기 바뀌면 더욱 곤란에 빠지게 된다. 때로는 여러 사람이 자기 음악과, 자기 장단에 맞춰 춤을 추라는 요구를 하기도 한다.

나는 좋아하지 않는 음악과 장단에 억지로 맞춰 꼭 춤을 추어야만 하는가? 누구의 장단에 맞춰 춤을 춰야만 하는가? 내 멋대로 흔들어 대거나 아예 춤을 안 출 수는 없을까?

모임의 구성원이라면 무엇인가 자신의 몫을 해내야 하겠는데 노래와 춤의 몫을 제대로 해내지 못하니 고민이 아닐 수 없다.

교육자들에게 때로는 맞지 않는 정치장단에 춤을 추라고 한다. 자유당 시절에는 선거철만 되면 가정방문을 나가라고 했던 것 같다. 그 후에는 어떤 때는 유신을 찬양하는 춤을 추라고 했다. 보리혼식 노래도 부르고 도시락 검사도 했다. 그런데 이제는 쌀밥 찬양 가를 불러야 할 판이다. 반장 선출과 투표제를 없애고 임명하라고도 했었다.

교사들은 중공 오랑캐라고 교과서대로 열심히 가르쳤는데 중공오랑캐가 어느 날 갑자기 국빈대접을 받기도 했다. 이제 북한괴뢰군(정권)은 어디에 처박혔는지 모르게 됐다.

그 좋은 새마을 운동은 다 어디로 가고 새마을 주임은 무엇해야 하나? 때로는 배당받은 인원수만큼의 교사를 무조건 잘라내기도 해야 했다.

많은 교직자 중에는 정치 장단에 억지 춤을 추었겠지만 상부의 누군가는 신나는 춤을 추었을 것이다. 그런데 위에서 추는 춤은 안 보이고 아이들 눈에는 자기들을 직접 가르치는 선생님들의 춤사위만 보이게 된다. 세월이 지난 지금 아이들은 선생님이 거짓말을 가르쳤다는 것을 알게 되었을 것이다.

동독의 교사들이 독일 통일 후에 공산주의 찬양론자로부터 자본주의 옹호자로 변신을 해야 하니 아이들 앞에서 무슨 꼴이 되겠는가?

아이들 앞에서 망신을 안 당하려면 진실만을 가르쳐야 하고, 또 죽지 못해 억지 춤을 추더라도 맹목적이고 맹종적인 광란의 춤은 추지 말아야 할 것이다. 교사는 아이들 앞에, 역사 앞에, 떳떳해야 한다.

정치 춤 말고도 갖가지 유혹의 춤이 교사를 기다리고 있다. 때로는 돈 같지 않은 돈을 가지고 춤을 추자고 한다. 마음 약한 사람은 춤바람에 넘어가기 쉽다.

조금조금 춤을 추다 보면 아주 춤에 빠지게 되는 것이 춤의 마력이다. 그래서 한 나라 중앙의 장학사가 아예 입시정답 장사꾼으로 나서게 되기도 한다. 직업을 바꾸지 않고 무허가로 정답장사를 오래하면 꼬리가 밟히지 않겠는가?

배웠다는 사람과 높은 사람들은 나쁜 짓을 해도 크게 하고, 배우지 못한 사람과 낮은 사람들은 작게 나쁜 짓을 하는 모양이다.

학부모들도 교사들 보고 자꾸 춤을 추자고 한다. 초등학교에서 교과 점수를 안 매기면 답답하다면서 졸라대기도 한다.

입시위주의 교육도 제도와 교육자와 학부모·사회의 합작 춤이다. (강제적)자율학습과 (정규)보충수업도 학부모와 교사의 짝짜꿍 춤이다. 방학을 주었다가 다시 보충수업으로 뺏는 것은 누구의 장난 춤인지 모르겠다.

춤꾼들 중에 누구 하나만 철저히 저항하고 반대해도 안 될 춤판을 마음대로 벌이고 있는 것이다.

어른들이 놀아나는 춤에 아이들만 녹아나고, 녹아나다 못해 어린 젊은 목숨을 끊는데도 어른들은 눈 하나 꿈쩍 하지 않는다.

각급 학교의 교육목적이 분명히 따로 있고 국가의 교육과정이 있고 교육부의 시간배당 기준령이 엄연히 있는데 왜 우리의 교육이 춤을 추고 마치 술 취한 것처럼 춤판에 놀아나야 하는지 알 수 없는 노릇이다.

교육에 대하여 춤을 추자는 기관도 많다. 경찰서, 소방서, 보건사회부, 선관위, 이루다 나열할 수가 없을 정도이다. 모두가 교육을 시녀쯤으로 알고 춤을 추자는 것이지 정중한 요청을 하는 것도 아니다.

이제 교육에서 춤판은 그만 벌여야 한다. 교육이 중심을 잡고 궤도를 찾아서 제 갈 길을 가도록 해야 한다. 끌려 다니고 억지 춤을 추다 보면 교육 본질을 잃어버리고 남의 노리개감, 우스갯감이 되고 만다.

춤을 추려면 억지 춤을 추지 말고 교육자의 마음에서 우러나는 신바람 나는 춤을 추어야 한다. 신바람 춤은 오히려 바람직한 것으로 불러 일으켜야 할 춤이다.

문민정부도 교육이 춤을 춰주길 기대할 것이다. 그러나 문민정부가 기대하는 춤은 억지 춤이 아니라 신바람 춤이어야 한다.

그런데 지금 상황이 신바람을 일으키기에는 너무나 교육이 주저앉고 말았다. 교사지망생이 하위집단에서 채워지고 있었으며, 기성교사와 학교 행정가도 나서서 춤을 추기에는 너무나 푸대접이다. 물질적으로도 푸대접이고 정신적·심리적으로 푸대접에 지쳤다.

장관이 춤을 춰도 교육 관료와 교육개혁위원회가 앞장서서 춤을 춰도 그렇게 쉽지 않을 것 같다. 그동안 춤을 추다 다친 사람이 너무 많다.

교장도 무능력, 권위주의자로 찍혔는데 바보가 아닌 이상 누가 앞장서 춤을 추겠는가? 억지 춤을 춘다고 하다가 오히려 잘못되어 잘릴 확률이 더 높다는 것을 웬만한 사람은 다 잘 알고 있다.

교육개혁위원회가 아무리 개혁하고 싶어도 교사와 교장이 안 움직이면 또 종이만 축내고 말게 될 것이다.

GDP 5%만 교육에 투자하면 세상이 엄청나게 바뀔 것으로 기대하지만 5%가 확보되어도 우리의 교육은 이미 승산이 없다. 우리보다 훨씬 GDP 자체가 많고 높은 나라에서 6~8% 투자해도 국제경쟁력을 잃고 있다고 판단하는 나라들이 있다.

교육의 뒷받침 없는 장사, 기업, 군사, 정치는 밑 빠진 독이고 언 발에 오줌 누기라는 것을 지도자들이 알아야 한다. 두 치 앞도 내다보지 못하는 지도자를 믿고 누가 독무대 신바람 춤을 추겠는가?

장관과 관료만 바쁘게 춤을 추어 가지고는 교육의 질이 올라가지 않는다. 더더구나 교육개혁위원회만 신바람 나 가지고는 수 십 만 교육자를 방관자, 구경꾼으로 만들고 만다. 장관과 관료가 바뀌면 그들이 또 무슨 춤을 추려나 하고 교원들은 호기심을 가지고 구경거리를 기다리게 된다. 장관 자신이 춤을 추려하지 말고 교사늘에게 춤을 추게 할 수 있는 동기를 부여해줘야 한다.

교사들이 반드시 돈만을 요구하는 것은 아니다. 돈이 따라 붙으면 더욱 좋겠지만 그들에게 정신적 심리적 존경을 붙여 줘야 한다. 물질도 잃고 정신도 잃은 교원들은 교육무대에서 주인공으로 나서서 춤을 출 기분을 느끼지 못하고 이제 차라리 구경꾼의 자리로 옮겨 앉고 말았다.

신나게 고고나 트위스트를 추다가 음악이 그치고 대부분의 춤꾼들이 자리로 들어가고 블루스 선율의 음악이 흐르고 있는데, 한 두 사람이 아직도 음악이 바뀐 줄도 모르고 열심히 고고를 추고 있는 모습을 상상해 보라.

교육자는 보수적 기질이 있기 때문에 시대(음악)가 바뀌었는데도 낡은 춤을 추고 있을 수 있다. 또 새로 나온 춤을 배우기가 바쁘게 돌아가고 있다.

음악에 맞지 않는 춤, 추고 싶지 않는 억지 춤은 이제 그만 춰야겠다. 춤을 추려거든 음악(교육 목적)에 맞는 춤, 마음에서 우러나는 신나는 춤을 춰야겠다.

정부와 교육지도자, 교육 행정가는 교사들이 마음에서 우러나 신바람 춤을 출 수 있는 동기와 무대를 마련해주는 데 초점을 맞춰야 할 것이다.

자리를 차지한 사람들의 춤을 교원들이 구경꾼의 입장에서 즐기게 하지 말고, 교원들이 주인공으로 춤을 추게 교육행정과 정치지도력으로 지원해 주어 교원의 춤바람을 지켜보는 성취의 희열을 맛보게 되기를 기대한다.

5. 한국의 힘 – 부모의 힘, 가정교육의 힘

한국의 교육 저절로 되는 것이 아니다.
철저한 부모의 교육, 가정교육의 바탕 위에,
학교교육, 사회교육의 힘으로
이루어지는 것이다. 한국의 힘 교육에서 나온다.

학습을 할 것이냐, 아니면 학습을 당할 것이냐?
안 쓰면 녹슬고 쓰면 쓸수록 발전 한다
내가 정말 알아야 할 것은 유치원에서 다 배웠다
정성을 먹고 자란다
어른이 있어야 한다
일본인은 일본인으로 태어나는 게 아니다

학습을 할 것이냐, 아니면 학습을 당할 것이냐?

'겉 사랑'보다 드러나지 않는 '속사랑'으로
엄격한 교육을 회복해야겠다.

남편의 미국 유학을 따라온 한 젊은 애기 엄마가 미국 엄마들의 육아방식을 본받고 싶었다.

미국 사람들의 독립심, 자립심은 어려서부터 엄마가 키운 것이고, 또 미국 내 사회적 분위기가 미국인의 자립정신, 개척정신을 길러주고 있는 것을 보고 미국 생활을 하는 김에 자기 자식을 그렇게 키우기로 단단히 결심한 것이다.

그래서 유학생활의 어려움에도 불구하고 갓난애에게 독방을 주기 위해서 침실 2개짜리 집을 마련하였다. 애기 방을 따로 하여 독방에서 키우기로 한 것이다.

그런데 미국 애기들은 저녁에 젖을 먹여서 재우면 혼자 잠도 잘 자고 일어나기도 잘 하는데 자기 애기는 자꾸 울어대서 도저히 재울 수 없는 것이다. 애기가 울적마다 애기 방에 들락거려야 하니 도저히 잠을 잘 수 없는 것이다.

그래서 할 수 없이 애기 방을 빈방으로 놔 둔 채 아예 엄마 옆으로 애기 침대를 옮겨 놓은 것이다. 그러니까 애기는 잘도 자고 또 좀 운다 해도 쉽게 옆에서 돌볼 수 있어서 오히려 애기와 한방 쓰는 것이 편했다.

그런데 미국 애기도 처음부터 독방 쓰는데 익숙해진 것이 아니라는 데 주의해야 한다.

미국 엄마는 애기에게 충분히 젖을 주고는 독한 마음을 먹고 울어도 돌보지 않는다는 것을 애기에게 가르치는 것이다.

애기는 울어 봐도 엄마가 나타나지 않으면 그 다음부터는 울어도 소용없다는 것을 학습하게 된다. 다만 엄마는 아가의 울음소리가 아파서 우는 소리인가 괜히 엄마 곁에 있고 싶어서 우는 소리인가를 구별해야 한다.

여기서 미국 엄마는 행동으로 아기를 학습시키는 데 비하여 한국의 엄마는 애기한테 반대로 학습을 당하고 있는 것이다.

자립심, 독립심이 강한 미국인은 저절로 키워지는 것이 아니다. 독방의 준비가 문제가 아니라 엄마의 독한 마음의 준비가 중요한 것이다.

길에 넘어진 아이도 가만히 보면 엄마가 일으켜주려고 달려오는지 살살 뒤돌아 눈치 보면서 운다.

네 힘으로 일어나라고 호통 치며 못 본척하고 가 버리면 웬만하면 그다음부터는 울지 않고 제 힘으로 일어난다. 빨리 달려가서 흙을 털어주고 불어주고 달래면 다음부터는 더욱 크게 울면서 엄마가 빨리 와주기를 기다린다. 그래서 부모에게 의지하는 애가 만들어진다.

강한 엄마만이 강한 애를 키울 수 있다.

아이들이 밖에 나가 놀다보면 다투기도 하고 싸우기도 한다. 아이들이 밖에서 얻어맞고 울면서 집에 들어오면 부모들은 기분이 별로 좋을 리는 없다.

성질 급한 엄마는 아이들끼리 놀다 싸운 것을 가지고 밖에 달려 나가 때린 애를 혼내주기도 한다. 그럴수록 그 애는 그것이 재미있어서 인지 자주 울고 들어오게 된다.

그런데 미국 유학 중에 이상한 것을 여러 번 발견하였다.

저녁때 미국 엄마가 자기 집 애를 우리 집에 데리고 와서는 자주 'sorry'라고 말하고 우리 애하고 악수를 하라고 자기 집 애에게 권유하는 것이었다. 자초지종을 알고 봤더니 낮에 애들이 놀다가 싸웠거나 남의 애를 때린 것을 알게 되면 미국 엄마는 반드시 그 집에 데리고 가서 잘못했다고 용서를 빌고 악수를 하여 화해를 하라고 시키는 것이었다.

부모가 알기만 하면 거의 백퍼센트 이렇게 사과를 시킨다. 이것도 우리나라와는 정반대 현상이었다. 우리나라에서는 남과 경쟁해야 하고, 경쟁할 바에는 싸워서 이겨야 하고, 맞기보다는 남을 한 대라도 더 때리고 억눌러야 속이 시원하게 느껴지는 것이다.

남과 더불어 살아가는 것이 아니라 남을 이기고 살아야 한다는 것을 어렸을 적부터 부모가 몸으로, 행동으로 가르치는 것이다. 그래놓고 다 자라서 '더불어 사는 사회'의 건설을 구호로 가르치고 있으니 이러한 구호가 먹혀들 리 없다.

건실한 한국사회의 건설은 바로 엄마의 손에 달려 있다.

우리 집 근처에 어린이 놀이터가 하나 있다. 애들 노는 것을 보니 어지럽히는 일이 대부분이었다. 먹는 것도 마구 버려 놓고, 과자 봉지, 신문지, 깡통 모두 버려 놓고 지저분한 가운데서 놀고 있었다.

옛날에 아이를 가르쳐 본 실력을 발휘하여 어느 날 아이들과 같이 놀이터 청소를 시작하였다. 칭찬을 해줬더니 아이들도 곧잘 청소를 하였다.

청소를 하고 있는데 놀이터 주변의 2층, 3층에서 젊은 엄마들이 애들 이름을 부르며 한 놈 두 놈 다 데려가는 것이었다. 내가 오해하는 것인지도 모르지만 "왜 귀여운 내 애를 청소시켜 먹느냐?" "청소하려면 자기나 혼자 하든지 말든지 할 것이지……" 하는 어머니들 태도였던 것 같다.

공중시설을 더럽히며 노는 건 그대로 놔두고 청소하는 것은 못하게 불러들이니 공중도덕이 어떻게 싹틀 수 있겠는가? 공중시설 파괴로 낭비되는 우리나라 예산만 해도 엄청날 것이다.

우리나라 공중도덕 교육은 엄마들 손에 달려 있다.

지금도 우리나라 대도시의 골목길에는 낯 뜨거운 낙서 아닌 낙서들이 버젓이 도시환경을 장식하고 있다. '소변금지'가 바로 그것이다.

외국에서는 아무리 어린애라도 아무데서나 '쉬'를 시키지 않는다. 기저귀를 늦게까지 채울 뿐만 아니라. 기저귀를 뗀 후라면 어려서부터 반드시 화장실에서만 '쉬'한다는 것을 가르친다. 또 밖에 나가려면 미리미리 준비하는 습관도 들인다.

그런데 한국의 엄마는 버스 안이 되었건, 공원이건, 아무데서나 쉬를 시킨다. 그러니 커서 어른이라고 그러지 않을 수 있겠는가?

농경사회 들판에서도 있을 수 없는 일들이 국제도시 한 복판에서 벌어지고 있는 것이다. 이것은 모두 한국의 어머니가 길러놓은 것이라고 보아도 지나친 말이 아니다.

때로는 제복을 입은 사람들, 서비스업에 종사하는 택시 기사까지도 길거리에서 실례를 한다. 어려서 습관들인 대로 하는 것이기 때문에 그것이 잘못되었다는 감각 자체가 없다.

외국에서는 아무리 어린애라도 함부로 고추를 내놓을 수가 없다. 이런 것들이 국제화 시대의 국제 예의가 될 것이다.

엊그제 국제세미나에 참가하기 위해 한국에 온 외국인 교수 몇 명을 만났다. 국제세미나는 정말 국제적인 최고급 호텔에서 열렸다.

그런데 그분들이 한국에 오는 비행기 안에서부터 기분이 잡치기 시작하였다. 참 이상한 나라도 다 있다는 느낌까지 받은 것이다.

여러모로 보아 상당히 배운 것도 같고 지성인이고 고급 손님인 것도 같은데 그런 엄마가 자기애들을 전연 통제하지 못하더라는 것이다. 그야말로 어른 따로 애들 따로 놀더라는 것이다. 애가 울어도, 위험하게 비행기 안에서 뛰어다녀도, 떠들어대고 장난을 쳐도, 전연 통제할 생각을 않더라는 것이다. 물론 비행기 안 많은 사람들의 여행을 불쾌하게 망쳐 놓은 것이다.

참 이상하다고 느꼈는데 그런 현상들이 한국 안에 들어와서도 계속 되더라는 것이다.

식당 안에서도 많은 사람들이 있는데 아이들이 뛰어 다니고 심지어는 빈 식탁 위로 올라갔다 내려갔다 해도 그만이고, 새마을 기차 칸에서도, 전철 안에서도 이런 현상이 계속 눈에 띄는데 한국의 어머니는 아이들을 이렇게 키우는 것이 정상이냐고 묻는데 부끄럽기 그지없었다.

이것은 나도 이미 여러 번 느꼈던 현상이다. 한국의 배웠다는 엄마들이 아이들을 이렇게 놔먹이니(?) 우리 사회가 무질서 난장판이고, 젊은 애들 판이고, 힘센 사람들 판이 되지 않겠는가? 사적인 장소에서도 안 될 일을 공공장소에서까지도 허용해 놓고 있다.

애들 엄마가 다른 사람은 아랑곳하지 않고 오로지 애들 잘 먹이고, 잘 입히고, 기 안 죽이는 것만 생각하고 있으니 이 사회가 어디로 가겠는가? 사회 걱정하기 전에 먼저 부모인 자기 자신들이 먼저 받게 되는 것이다. 부모에게 대드는 자식들은 모두 그렇게 키운 자식들이다.

옛날, 초등학교 근처에 가보지도 못한 한국의 어머니들도 자식들을 그렇게 무례하게 키우지는 않았다.

글자 이전에 기본 예의를 먼저 가르쳤고, 최소한 다른 사람들에게 폐가 되지 않도록 하라고 가르쳤다. 남을 도와주지는 못하더라도 남을 해쳐서는 안 된다고 철저히 가르쳤던 것이다.

버릇없는 놈을 애비 없는 후레자식이라고 하였으니 엄마의 책임 보다 아마 아빠의 책임이 더 큰지도 모르겠다.

하여간 '교육받은 배운' 엄마와 교육받지 못하고 배우지 못한 엄마의 차이가 무엇인지 도대체 구분하기 어렵게 되었다. 양반의 피를 받았다는 집안도 쌍놈의 집안도 구분이 안 되고 있으며 세상이 어떻게 되어가는 것인지 교육자로서 회의만 쌓인다.

이렇게 놔 먹여진 아이들이 학교에 와서도 또 통제 불능의 애들이 되고 있다. 부모가 어렸을 때 자식을 통제하지 못하고, 선생이 학생을 통제하지 못하니 무슨 교육이 가능하겠는가?

심지어 거꾸로 학생이 교사를 통제하는 학교도 있다고 한다. 흡연, 음주, 마약, 불량학생이 판을 치고 정상학생과 교사가 오히려 이들의 눈치를 보는 신세가 되기도 한다.

중학교, 고등학교, 대학, 사회, 위로 올라갈수록 통제 불능이 되고 있나.

경찰력, 공권력이 당하는 것도 모두 아이들을 놔먹이고 어른이 어른 노릇을 못했기 때문이다. 일찌감치 어른들이 편하게 지내려고 어른이기를 미리 포기한 결과, 이 사회는 뒤죽박죽이 되고 있다.

최소한 학교에서만이라도 원칙이 통하도록 철저한 교육을 하지 않으면 안 되겠다. 외아들 외동딸일수록 더욱 엄하게 키워야 한다.

'겉 사랑'보다 드러나지 않는 '속사랑'으로 엄격한 교육을 회복해야겠다. 내가 외아들이면 남도 외아들이고, 내 자식이 귀여우면 남의 자식도 귀엽다는 것을 가르쳐야겠다.

현대 학교는 아이들도 가르치고 부모도 가르쳐야 하는 이중부담을 안고 있다. 쉽게 편하게 조금만 살고 말 이 세상이 아니지 않는가? 한국의 엄마는 아이를 가르칠 것이냐 아니면 약한 마음으로 가르침을 당할 것이냐의 기로에 서있다.

안 쓰면 녹슬고
쓰면 쓸수록 발전 한다

아름다움을 베풀지 못하더라도 최소한
아름다움을 느낄 줄은 알아야겠다.

　교통사고로 다리를 수술했다는 친구를 문병했던 적이 있다. 수술을 하고 움직이지 못하게 깁스붕대를 했다가 그것을 풀고 이제 회복시키는 단계에 있었다.

　내가 방문했을 때는 발바닥에 간단한 기계를 부착시키고 자동적으로 왔다갔다, 무릎을 오므렸다 폈다 하게 하여 무릎관절을 천천히 움직이게 하고 있었다.

　부러진 뼈를 수술하여 철심을 박고 접착시키기 위하여 깁스붕대를 하여 모든 것이 잘 되었으나, 1개월여 동안 발을 안 쓴 결과 발을 움직일 수 없게 되었기 때문에 이제는 걸음마 보다도 더 초보단계로 근육을 서서히 움직이는 운동부터 시키고 있는 것이었다. 움직이는 속도와 거리를 차차 빠르게, 멀리 조절해나가는 것이다.

　여기서 느낀 것은 우리의 신체도 안 쓰면 녹슬고 굳는다는 점이었다. 한 달여 동안 안 썼다고 내 발이 내 것이 아니고,

내 발을 내 맘대로 움직일 수 없게 되는 것이구나 하는 것을 느꼈다.

교통사고를 당한 그 친구는 그러한 회복의 과정을 거쳐 이제는 언제 교통사고를 당했었느냐는 듯이 걸어 다니고 있다.

여기서 또 하나 느낀 점은 훈련이 무섭구나 하는 점이다. 그렇게 아픈 다리를 1cm, 2cm 서서히 움직이게 하기 시작하여 걸어 다니고 뛰어다니게 까지 했으니 훈련과 운동, 연습의 효과와 결과가 무섭다고 아니할 수 없다. 우리의 신체도 쓰면 쓸수록 발전한다는 것을 알 수 있다.

나는 언젠가 손을 앞으로 수평이 되게 뻗고 발을 들어 올려 손바닥을 차는 운동을 해보면서 이상한 것을 발견했다. 손바닥차기가 잘 안 될 뿐만 아니라 무릎이 펴지지 못하고 이상하게 꼬부라지는 것이었다.

어려서는 그런 것을 몰랐었는데 그동안 운동을 안 하고, 양반다리로 꼬고 책상 앞에 앉기나 했으니 무릎이 눌어붙은 것이다.

나는 아직도 다리를 들어 올리면 무릎이 이상하게 꼬부라지는 상태로 있다. 병신이 따로 없는 것이다. 정상적인 몸도 안 쓰고 굳어지면 어느 날 갑자기 병신으로 변하고 마는 것이다. 안 쓰면 쇠퇴하고, 굳고, 병신이 되는 것이다.

어려서는 외우기를 아주 잘 했다. 기미독립선언문, 농가월령가 등도 하루 저녁내에 학급에서 제일 먼저 외워버렸다. 시와 고시조도 많이 외웠었다.

그런데 요즘에는 유행가 가사 하나 제대로 외우지 못한다. 그동안 기억력에 해당하는 세포가 파괴되고 쇠퇴한 모양이다. 안 쓰면 안 쓰는 쪽 세포는 죽게 되는 모양이다.

나의 뇌 세포와 신체의 일부 운동세포는 부분적으로 죽어가고 있는 셈이다. 그래서 마침내는 세포 전체가 영원히 죽고 말게 되는 것이다.

안 쓰면 죽게 된다는 결론이다. 그래서 어느 시인은 기억력을 유지하기 위해 70대 80대에도 세계의 산 이름을 600개, 700개씩 외우고 있는 것이다. 그리고 머리 쓰는 어려운 러시아 유학을 떠난다고 결심했던 것이다.

서울 관악산의 조기운동 하는 곳에서 철봉 하는 한 60대 할아버지를 만난 적이 있다. 어느 날 갑자기 중풍으로 쓰러지면서 마비가 왔는데 운동으로, 물리치료로 거의 다 회복했지만 마지막으로 오른손 팔목이 굽어지고 펴지지를 않는 것이었다.

그 노인은 그 팔목을 펴기 위해서 철봉운동에 달라붙은 것이다. 달라붙은 팔목을 펴기 위해 억지로 매달려 꼬부라져 굳어진 팔목이 찢어지고 피가 나고 하는 과정을 거쳐서 거의 완전히 펴진 상태로 젊은 나보다 몇 배나 철봉운동을 잘 하고 있었다.

굳어진 팔을 운동으로 펴낸 것이다. 우리의 머리나 몸도 쓰면 쓸수록 발전하고 안 쓰면 안 쓸수록 일찍 쇠퇴하고 만다. 용불용설 그대로이다.

접시물만 봐도 빠져 죽을까봐 겁내던 어느 부인이 허리 디스크에 수영이 좋다고 의사가 권하자 수영을 시작하여 어느 정도 효과를 보고 몸의 다른 부분도 좋아지고 있는 것을 보고 있다.

새 기계는 안 쓰면 녹슬게 되고 오래 쓰면 닳아서 망가지게 되지만, 우리 인간은 무리하지 않는 한 쓰면 쓸수록 그 방면으로 발전하게 된다.

세익스피어 아버지의 직업이 맥주 감식가라고 한다. 여러 종류, 여러 과정과 단계에 있는 맥주를 갖다 놓고 그것을 한 모금씩 먹어 보고 그 중에서 감식가의 혀끝에 제일 좋다고 느껴지는 상태의 맥주를 만들어 내라고 하는 것이 맥주 감식가의 임무이다.

현대의 과학시대에도 술만큼은 인간의 혀끝으로 좋은 것을 구별해내고 있다. 그런데 이런 술 감식가는 대부분이 술을 마실 줄 모르는 경우가 많다. 술에 찐 혀를 가지고는 예민성을 요구하는 술 감식을 못하게 되는 것이다.

중국에서 민속주를 감식하는 장면을 텔레비전을 통해서 본 적이 있다. 십 이삼 명이 앉아서 그들의 예민한 혀끝을 통해 좋은 술을 구별해내는 것이다.

이들은 이런 술 감식이 있는 날 며칠 전부터 절제의 생활을 해오고, 목욕을 하고, 마음을 가라앉히고 고요하게 한 다음 신중하게 술의 맛을 보는 것이다. 이들의 혀끝은 아마도 세계적인 존재일 것이다.

이들의 신체는 맛을 보는 쪽으로 발전했을 것이다. 우리처럼 갖가지 양념에 찌들고 중독된 혀끝으로는 맛을 구별해내지 못하게 된다. 더구나 지나치게 맵고, 짜고, 뜨겁게 입맛 들린 우리 한국인의 대부분은 음식에 관한 한 불행하게 살아가는지도 모른다.

적어도 미식가의 수준에서 보면 치우친 양념으로 불행한 식문화를 이룩하고 있을 것이다. 우리의 감각기관도 쓰는 쪽으로 발전한다.

인간은 근본적으로 아름다움을 추구한다. 일본의 21세기의 목표는 "아름다움"이라고 한다. 아름다운 생활을 추구하고자 한다. 아름답게 살고자 한다. 예술의 아름다움도 있고 아름다운 마음씨도 있다. 자연의 아름다움, 환경의 아름다움도 있고, 과학의 아름다움으로 승화되어야 한다.

아름다운 미술품을 보고도 아름다운 줄 모르고, 아름다운 소리를 듣고도 아름다운 줄을 모른다면 우리는 돈을 아무리 벌고, 권력을 아무리 가져도 저차원, 밑바닥 삶을 살아가는 것이다. 아름다움을 베풀지는 못하더라도 최소한 아름다움을 느낄 줄은 알아야겠다.

미술 전시회에 가서 뭐가 뭔지 모르겠다고 나의 무지를 한탄하는 소리를 하면 미술가들은 너무나 쉽게 말한다. 그저 좋으면 된다는 것이다. 좋은 것을 좋게 느끼면 된다는 것이다.

그리고 좋은 것을 자주 보다 보면 좋게 느껴진다는 것이다. 그래서 도자기나 골동품도 몇 십 년 만에 좋게 느껴지기도 하고 이들과 대화를 하게도 된다는 것이다.

우리의 눈도 아름다운 것을 자꾸 봐야 그쪽으로 발전하여 아름다운 눈이 되는 모양이다. 음악 연주회에 가서 뭐가 좋은지 모르겠다고 해도 미술가와 똑같은 얘기를 듣게 된다. 소리를 듣고 그냥 좋으면 되는 것이고, 아름다운 것을 자꾸 듣다 보면 우리의 귀도 아름답게 된다는 것이다.

젊어서 눈과 귀가 성한 동안 아름다운 것을 많이 보고 들어야 한다. 좋은 것을 보고도 보지 못하고, 아름다운 것을 듣고도 듣지 못하고, 훌륭한 것을 보고도 배우지 못하면 우리는 불행한 삶을 살아가는 것이다.

그런데 이런 아름다움, 예능은 이를수록 좋다는 것이다. 우리 어린이들에게 아름다움을 많이 보여주고, 들려주고, 가르쳐줘야겠다. 아름다움에 많이 감동하고, 감명 받고, 감격하고,

흥분하게 해줘야겠다.

어렸을 적의 이러한 추억은 거의 평생 영향력을 갖는다. 어린이들에게 많은 아름다움을 보여주고 들려주는 것은 전적으로 우리 어른들의 손에 달려 있다.

흔히 왼쪽 뇌는 인지적 측면과 관련되고, 오른쪽 뇌는 정의적 측면과 관련되어 있다고 한다. 외우고 기억하는 것은 왼쪽 뇌이고 운동하고 느끼고 감동하는 것은 오른쪽 뇌의 기능이라고 한다.

한국인은 왼쪽 뇌만 발전하고 오른쪽 뇌를 쓰지 않아서 오른쪽 골은 빈, 골빈 사람이 되어가고 있을 지도 모른다. 하느님은 우리에게 필요하기 때문에 양쪽 뇌를 주었을 텐데 왜 우리는 왼쪽 뇌 하나에만 매달려야 하나?

앞으로 오른쪽 뇌를 더 쓰게 하여 왼쪽, 오른쪽 조화를 이루도록 해야겠다. 이성적이면서도 감성적인 교육이 요구된다. 신으로부터 부여받은 양쪽 뇌를 골고루 잘 사용할 수 있도록 하는 교육이 이루어져야 한다.

도둑을 잡는 형사는 도둑을 잡는 쪽으로 계속 머리를 쓰니 수사기술, 수사 과학이 발전한다. 그래서 정밀수사를 하게 된다. 그런데 도둑은 반대로 형사에게 잡히지 않기 위해서 계속 머리를 쓴다. 그래서 도둑의 수법이 점점 지능적으로 발전한다.

결국 도둑의 머리나 형사의 머리나 비슷해서 평행선을 달린다. 기왕이면 좋은 쪽, 아름다운 쪽으로 우리의 머리를 발전시켜 나가야겠다. 썩어서 흙으로 변할 우리의 머리와 신체를 아름다움을 창출하고 다른 사람에게 도움이 되는 방향으로 발전시키기 위한 교육을 해야겠다.

내가 정말 알아야 할 것은
유치원에서 다 배웠다

배운 대로 살아가는 길만 남아있을 뿐이다.

"내가 정말 알아야 할 것은 유치원에서 다 배웠다."라고 하는 좀 긴 제목의 책이 있다. 정말 그런 것 같다. 우리가 살아가는데 꼭 필요한 것들은 유치원에서 가르치고 배운 대로 살아가도 상식에 어긋나지 않게 잘 살아갈 수 있을 런지 모른다.

그런데 어른들은 유치원을 안 다녀서 그런지 대학을 나오고 그것도 모자라 대학원 박사까지 공부하고도 유치원에서 배운 것을 살아가는 동안 실천하지 못해 남의 손가락질을 당하고, 비난을 받고, 사회에 물의를 일으키고 있으니 무엇이 잘못돼도 단단히 잘못된 것 같다.

나는 지난 30여 년 동안 내 생애를 바쳐 교육을 해오면서 내가하고 있는 이 교육에 진한 회의를 느끼고 있다. 그동안 교육자들이 아등바등하며 열심히 아이들을 가르쳐 온 것은 다 어디로 가고 세상은 더욱 험악해지고, 살기 나쁘게 되어가고 있는 것인가?

학생들이 새벽부터 밤늦게까지 그렇게 열심히 외우고 연습하고 공부한 것들은 다 어디가고 안 배운 사람들보다 배웠다는 사람들이 나쁜 일은 온통 도맡아 하고 있으니 '우리 교육'이 뭔가 확실히 잘못된 것 같다.

유치원에 가면 인사하는 법을 가르친다. 선생님과 친구에게, 그리고 부모님께 인사하는 법을 가르치고 또 가르치는 그대로 따라 한다.

일찍 자고 일찍 일어나라고 가르친다. 아마도 부지런하라고, 즉 근면·성실하라고 가르치는 것 일게다. 열심히 공부하고 몸 튼튼 하라는 말은 귀가 닳도록 들을 것이다.

나쁜 것이 무엇인지도 모르는 아이들에게 나쁜 짓 하지 말고 착하게 살라고 가르친다. 정직·솔직하고 거짓말 하지 말라고 가르친다. 친구들과 싸우지 말고 사이좋게 지내라고 가르친다. 차례를 지키고 규칙과 질서를 지키라고 하고 '나란히'를 너무나 많이 배운다. 이외에도 좋은 것들은 유치원에서 다 가르치고 다 배운다.

우리가 살아가는데 유치원에서 배우는 것 이외에 무엇을 더 배워야만 하는가? 유치원에서 가르친 대로만 살아간다면 아마도 천사와 같이 살아갈 수 있을 것이다.

정말 유치원 아이들은 천사와 같다. 그런데 이 아이들이 초등학교-중학교-고등학교-대학교를 거치고, 배우면 배울수록 어른이 되면 될수록 점점 나빠지니 문제이다. 아이들은 조금 나쁜 짓을 하고, 어른은 더(큰) 나쁜 짓을 하고, 많이 배운 사람들은 나쁜 짓을 해도 크게 한다.

이렇게 되니 가르치는 일을 하면서 회의를 느끼지 않을 수 없다. 교육자들이 열심히 가르치는 대로만 이 세상이 되어간다면 정말 신나서 몸이 부서지는 줄도 모르고 가르칠 것이다.

이렇게 가르쳐 봐야 밖에 나가서 살아가는 것은 또 따로 있을 것이라고 생각하며 교육에 임한다면 교육의 성과는 결코 올라갈 수 없을 것이다. 가르쳐봐야 아무 소용없다고 생각하면 허공에 대고 소리 지르는 것에 불과하다.

여기서 유치원 교육이라고 했지만 사실은 초등교육의 중요성을 말하려는 것이다. 초등교육은 살아가는데 있어서 국민생활에 있어서 가장 기초가 되는 것을 가르친다. 기초가 튼튼해야 크고 높고 좋은 건물을 지을 수 있다는 것을 모르는 사람은 아무도 없다.

나는 이런 기초가 되는 교육을 "바탕교육"이라고 한 적이 있다. 인간으로서의 "바탕"을 다지는 교육이라는 의미에서 사용한 말이다. 바탕이 잘못되면 거기에 아무리 찬란한 색을 칠하고 개칠을 해봐야 아무 소용이 없다.

어떤 다른 나라에서는 초등학교를 "요소가 되는 학교"라는 의미로 이름 짓고 있다. 우리가 살아가는 데 꼭 필요한 '요소(Element)'만을 뽑아서 가르치기 때문에 그렇게 부르는 것이다. '원초적'인 의미가 들어가는 **'Primary School'**도 마찬가지 뜻이다.

"세살 버릇 여든 간다"는 말은 초기교육의 중요성을 대변해서 말해주고 있다. 특히 어렸을 때 나쁜 버릇을 들여 놓으면 죽을 때까지 고치기 어렵다는 것을 강조하는 말이다. 그래서 생후 3개월에서 3년 사이를 '결정적 기간(Critical Period)"라고 하는 것이다. 이 결정적 시기에 기초가 되고 요소가 되는 배울 것을 배우고 가르칠 것을 가르쳐야 한다. 또 세 살 때 배워야 할 것을 놓쳐 버리면 평생 배우지 못하게 되기 쉽다.

이 결정적 시기는 학교교육보다도 가정교육의 영향이 절대적인 시기이다. 우리 교육이 겉도는 큰 원인은 가정교육의 부실에 있다. 유태인들은 아버지가 자녀교육의 책임을 지지만 우리나라의 경우는 대부분 어머니에게 그 책임을 돌린다. 특히 어렸을 때는 아버지보다도 어머니의 영향을 더 받는다. 그래서 어머니교육, 부모교육이 더욱 중요하게 된다.

옛날의 어머니들은 배우지도 못하고 살림살이에 바쁜데도 사람으로서의 기초가 되고, 요소와 바탕이 되는 것을 용케 잘도 가르쳤는데 오늘날의 어머니들은 대학을 나오고, 생활이 편리해져 시간이 남아돌아가는 데도 자녀들에게 가르칠 것을 제대로 가르치지 못하고 있다.

공공장소에서 뛰고 소란을 피우고 위험하게 장난을 치고 있는데도 어머니가 아이들을 통제하지 못하고 있다. 울고 떼쓰면 꼼짝 못하는 것이다. 이런 아이들이 커서 사회에 물의를 일으키지 않고, 소란을 피우지 않고 배겨날 수 있겠는가?

미국과 영국에서는 지속적으로 "기초로 돌아가자(Back to Basics)"는 운동이 벌어지고 있다. 물론 여기서는 읽기, 쓰기, 셈하기 등이 중심이 되지만 지(知)·정(情)·의(意) 모든 영역에서 기초가 중요하다는 운동이다.

앞에서는 주로 정의적 영역의 생활태도, 가치교육에서의 기초의 중요성에 대하여 강조하였지만 운동 기능적 영역이야말로 기초가 튼튼하지 않으면 안 된다.

음악·미술·체육 분야에서 이름을 날리고 있는 사람들은 대부분 어려서부터 그런 분위기에서 자랐고, 또 어려서부터 재능을 보이기 시작한 사람들이다. 그런데 우리는 어렸을 때의 기초를 등한시 하고 나서 나중에 가서 급할 때 몇 몇 선수를 뽑아 급속으로 그 기초를 대신하려고 하는 데에 무리가 따르고 있다. 체육도 기초체력 위에 기술을 쌓아 올려야 한다.

초등교육에서 기초를 튼튼히 하려면 가르치는 양을 줄이고 대신 철저해야 한다. 가르쳐야 할 내용이 너무나 많고, 가르쳐야 할 내용이 많으니까 '대충대충 적당히'하게 된다. 진도에 나가기 바쁘게 되는 것이다. 초등에서는 교과에 상관없이, 진도에 상관없이 살아가는데 기초가 되는 것은 몸에 밸 때까지 하나하나 철저히 가르쳐야 한다. 이러한 철저한 교육을 우리는 일본교육에서 배워야 한다.

일본학교에서는 하루에 한번만 인사하는 게 아니라 선생님을 만나 뵐 때마다 인사를 한다. 그런데 한국에서 일본에 막 전학 간 아이가 이것을 알 턱이 없다. 일본 교사는 한국아이에게 이것을 가르치기 위해서 열여섯 번을 교실밖에 나갔다 들어오라고 하더라는 것이다.

일본아이들은 밖에서 들어오는 족족 선생님께 인사를 하는데 한국아이는 영문을 모르고 열여섯 번을 맹목적으로 들락날락하고만 것이다. 이렇게 해서 배운 것은 몸에 배고 기억에 남아 영원히 자기 것이 된다.

초등교육은 입으로 가르치는 것이 아니라 몸으로 가르쳐야 한다. 교사가 입으로 내뱉은 소리와 몸으로 행동하는 것이 달라서는 아이들을 가르칠 수 없다. 그런데 우리는 편하게, 쉽게 입으로만 가르치려고 앵무새 교육을 하는데 문제가 있다.

모범·사범이 되어야 한다. 그래서 교사양성기관이 사범학교이고 사범대학이었던 것이다.

선생님은 몸으로 가르쳐야 하기 때문에 어려운 것이다. 또 그것이 학원 강사와 다른 점이다. 아이들을 힘들여 가르치지 않고 쉽게 가르치려는데 구멍이 생기고 있다. 몸으로 가르치는 힘 드는 것은 포기하고 목이 터져라 말로 통하는 것만 가르치려 한나.

힘 드는 교육에 정부는 투자해야 한다. 우리 교육의 출발점인 교사양성교육과 초등교육에 집중 투자하지 않으면 모든 나머지 교육도 허사이다. 출발점과 기초를 소홀히 해놓고 급하니까 요즈음 기능·기술 인력이 딸린다고 직업학교·대학에 신경 쓰는 체 하는 것은 올림픽 선수를 급조하는 것과 똑같은 오류를 범하는 것이다.

우리가 정말 알아야 할 것은 유치원에서 다 배웠다. 배운 대로 살아가는 길만 남아있을 뿐이다. 배운 대로 살아가지 못하면 우리가 아무리 많이 가르쳐도 아무 소용없다. 배운 도둑질이지 배우지 못한 도둑질은 그 대가를 치러야 한다.

기초가 중요한 것을 알았으면 이를 실천해야 한다.

정성을 먹고 자란다

선생님의 세심한 배려와 정성을 먹고 자란 아이는
결코 우리를 실망시키지 않을 것이다.

미국 유학 중 자취생활 할 때의 이야기이다. 고등학교 때와
대학교 때 자취생활을 해봐서 웬만히 자취생활에 익숙해졌다
고 생각했는데도 오랫동안 아내의 뒷바라지에 익숙해져서 그
랬는지 밥을 해 먹는다는 일이 귀찮기만 했다. 내 자신이 생
각해도 내가 먹고 살아가는 일에 너무나 무성의하고 대충대
충 적당히 하는 것 같았다. 자신의 건강을 지켜주고, 삶을 유
지해 주고, 유학의 공부를 하게 해주는 가장 기초적인 밥을
만들어 먹는 일에 내가 이렇게 무성의할 수가 있나 하고 반
성도 하고 나 자신 자책을 하기도 하였다.

그런데 같은 부엌을 쓰는 코스타리카에서 왔다는 비행기내
간호를 전공한다는 한 아가씨 학생의 식사 준비 상황을 옆에
서 지켜보며 감탄하지 않을 수 없었다. 이 아가씨는 음식을
만들려면 먼저 시계와 저울, 요리책, 노트 등을 조리대 앞으
로 가지고 나온다. 저울이란 것도 천칭과 같은 아주 조그만
것이다. 저울에 정확하게 무게를 달아서 정확한 시간 동안 정
확한 온도에 조리하여 아주 예쁘게 차려서 먹는 것이다. 손님

을 초대하는 것도 아니고 혼자 먹는 음식을 적당히 만들어서 먹지 뭐 저렇게 정확하게 정성들여 요리해 먹을 필요가 있는 것일까? 요리책에 있는 대로 정확하게 조리하고 또 그것을 노트에 기록하면서 요리를 하는 코스타리카의 그 여학생의 모습이 지금도 눈에 선하다.

한 미국인 남학생도 시계와 저울은 사용하지 않지만 아주 정성들여 요리하여 예쁘게 차려서 먹고 있었다. 호박을 썰어도 똑같은 두께, 똑 같은 모양으로 정확하게 썰어서 부쳐 먹는 것이었다. 베이컨을 프라이팬에 튀겨 먹더라도 같은 색깔로 익혀 냅킨 같은 종이에 기름을 완전히 빼서 똑같은 크기로 썰어서 먹는 것이었다.

이들이 요리하고 먹는 일에 정확성을 기하고 정성들여 예쁘게 차려서 맛있게 먹는 데 비하여 나는 정말 엉터리로 식생활을 하고 있었던 것이다. 이것저것 적당히 썰어 넣고 푹 삶거나 적당히 익혀서 그릇에 푸지도 않고 냄비째 놓고 배부를 때까지 퍼 먹고, 남으면 그대로 놔뒀다가 거기에 다시 물이나 다른 것을 더 넣고 끓여서 또 그냥 그릇째 놓고 먹는 생활을 하였다.

외국 학생들의 요리하는 태도와 나의 식생활 태도에는 최소한의 두 가지 점에서 반성할 점이 있다. 첫째, 나는 정확성을 기하지 않고 적당히적당히, 대충대충 한다는 점이다. 둘째, 먹는 일에 너무 무성의하다는 점이다.

나의 적당주의 요리 방법은 식사에 관한 무성의와 함께 한국인의 적당주의 속성과 통한다는 생각이 든다. 나뿐만 아니라 한국의 많은 사람들이 적당주의, 대충 대강에 익숙한 것은 우리의 교육이 그만큼 철저하지 못했다는 증명이 되는지도 모른다. 어려서부터 기초적인 것, 기본적인 것부터 철저하게 가르치지 못했던 것 같다는 반성이 든다. 요리만 해도 잘은 모르지만 양념을 정확하게 소수점 몇째 자리의 **g**와 ㎎, ㎟까지 넣도록 하는 요리책 자체가 존재하지도 않고 또 그렇게 가르치지도 않은 것이 아닌가 생각된다. 소금 조금, 고추 가루 반 스푼, 깨소금 조금씩……. 숫자 개념, 시간 개념, 색깔 개념 등의 정확성에 우리가 약점을 가지고 있었던 것이 아닌가 하고 생각된다.

과거 농경사회에서는 숫자나 시간 등의 개념에 정확성을 필요로 하지 않고도 불편이 없었을지 모르나 현대의 과학시대에서는 정확성과 정밀성이 엄격하게 요구되고 있다.

어려서부터의 대충 교육으로 **Made in Korea** 제품이 거칠고, 흠이 있고, 틈이 생기게 되었는지 모른다. 비록 과학이 아니고 예술이라고 하더라도 정확성과 끝마무리 처리를 철저히 하도록 교육해야겠다. 학생에게서 교사가 원하는 정확한 행동이 안 나오면 몇 번이고 반복하며 교육을 해야 한다. 청자를 굽는 도공이 원하는 색깔의 작품이 나올 때까지 반복해서 노력하는 자세를 길러줘야겠다.

요즈음 우리나라에 많은 사고가 벌어지는 것도 많은 복합적인 원인에 기인하고 있겠지만 그 중의 하나도 정확성의 결여를 꼽지 않을 수 없다. 정확성의 결여, 적당주의로 많은 아까운 생명까지 잃고 있다. 학교교육에서 좀 더 기초적이고 기본적인 것에 철저할 필요가 있다.

나의 무성의한 식사준비 태도에도 교육적으로 많은 시정이 요구된다. 유학 생활에서 먹어야 건강을 유지하고, 건강해야 공부도 하고, 박사도 하는 것인 줄 뻔히 알면서도 먹는 일에

조차 그렇게 무성의할 수 있단 말인가? 내 자신이 밉기까지 하다. 큰일을 하든 작은 일을 하든, 중요한 일을 하든 하찮다고 생각되는 일을 하든 매사에 정성들여 최선을 다하는 태도를 길러야겠다. 세상에 먹고 건강을 유지하는 일같이 중요한 일이 또 어디 있단 말인가? 먹는 일에도 정성을 들이고 최선을 다하는 태도를 길러야겠다.

연극에서 주인공만 중요하고 나머지라고 중요하지 않은 것은 아니다. 주인공만 정성들이고 나머지 출연자라고 정성들이지 않는다면 연극이 제대로 되겠는가? 모든 사람이 무슨 일을 하던지 중요한 일을 하고 있다고 생각하여 자기가 하고 있는 일에 온갖 정성을 다 들이도록 가르칠 필요가 있다. 높은 사람만 중요하고 낮은 사람이라고 중요하지 않은 것은 아니다.

축구 팀에서 공격수가 중요한가? 아니면 골키퍼가 중요한가? 수비수도 중요하지 않은가? 모두가 다 중요하다. 모두가 다 맡은 일에 정성을 다 해야 한다. 작은 일, 하찮은 일이라고 생각하기 쉬운 일에도 정성을 다하고 최선을 다하는 모습을 볼 때 아름답게 보이고 바라보는 우리도 행복하다. 그리고 최선을 다하는 본인도 행복한 것이다.

글을 쓰다, 책을 읽다 싫증이 나면 나는 뚝딱뚝딱 무얼 고치거나 만들거나, 청소하거나 하기를 좋아한다. 그럴 때마다 매번 반성하면서도 매번 고치지 못하는 버릇이 있다. 그것은 꼭 어딘가 조금이라도 긁히거나 다친다는 일이다. 침착하지 못한 결점을 가지고 있는 것이다. 집에서도 학교에서도 안전에 좀 더 철저하도록 교육해야 한다. 실험·실습·실기에서 철저함과 정확성 못지않게 안전에 더 철저해야 할 필요가 있다. 안전교육에 실패하면 모든 것이 끝장이다. 지금 우리 사회에서는 너무나 많은 사람들이 제 명대로 죽지 못하고 사고로 인해서 목숨을 잃고 있다. 모두가 안전 교육에 실패하고 있기 때문이다. 국가적 존재인 올림픽 선수가 불의의 사고를 당했다는 소식을 우리는 너무나 자주 듣는다. 추석이나 설 때에는 전국에서 항상 각각 150여 명 이상이 사망하고 있다. 그런데도 이러한 교통사고 사망에 우리는 너무나 무감각하다. 생명을 유지하고 부모에게서 받은 자신의 몸을 정상으로 보존하는 일이 무엇보다 중요하다. 앞으로 안전교육에 더 철저하기를 기대한다.

학교와 같이 사람이 많이 모여 있는 기관과 건물도 그리 많지 않다. 그래서 학교를 인간집중 기관이라고 할 수 있다. 그것도 성인이 아닌 판단력이 부족한 어린이나 청소년으로 집중되어있다. 그래서 학교 내에서의 안전에도 더 세심한 노력을 기울여야 한다. 그래서 소방훈련이나 민방공훈련이 있을 때도 형식적으로 하지 말고 실제상황과 똑같이 철저히 해야 한다. 형식적으로 하려면 차라리 안하느니만 못하다. 왜냐하면 아들에게 형식주의, 거짓말을 행동과 실제, 훈련을 통하여 가르치는 꼴이 되기 때문이다. 귀중한 수업시간 또는 작업시간을 할애하여 하는 훈련이라면 생명과 직결되는 안전의 문제라는 심각성을 고려하여 철저하게 할 필요가 있다. 미국에서도 학교에서 정기적으로 소방훈련을 한다. 우리 보다 더 엄격하게 철저히 한다.

우리의 교육에서 좀 더 철저함과 정확성이 요구된다. 특히 초·중등 기초교육에서는 교육의 분량을 과감하게 줄이고 대신 철저한 교육을 정성들여 해야 한다. 어떤 사람은 교육을 정성산업이라고 한다. 물건을 만드는 산업보다 인간을 만드는 교육과 학교가 정성산업이어야 한다는 의미이다. 아이들은 선생님의 손때 묻으면서 자란다. 선생님과의 인간적 접촉, 만짐 속에서 올바르게 자란다.

대강 적당히, 거칠게 교육을 해온 결과 우리 사회가 적당주의로 흘러가고 또 거친 사회로 변질되어 가고 있는지도 모른다. 물질적으로 풍부해진다 하더라도 모든 것이 무너져 버리는 사회가 되어서는 안 된다.

정확하게 계량하여 요리하는 코스타리카 학생의 태도는 그 나라 교육의 산물이라고 본다. 하찮은 일도 정성들여 일하면 귀하게 보인다. 선생님의 세심한 배려와 정성을 먹고 자란 아이는 결코 우리를 실망시키지는 않을 것이다. 정확한 교육, 철저한 교육이 요구된다. 그러기엔 아이들이 너무 많다고 핑계 대는 동안 교육은 비뚤어진다. 우리는 적은 분량이라도 바른 교육을 해야 한다.

아이들은 선생님의 정성과 철저함을 먹어야 바르게 자란다. 나도 내가 하는 일에 좀 더 철저하고 정성을 다해야겠다.

어른이 있어야 한다

우리 사회에 어른이 필요하다.
당당하게 호통 치던 어른들이 그리워진다.

초등학교 때 은사님으로부터 배운 이야기이다. 한 감옥소에서 아들 죄수가 어머니 젖을 깨문 사건이 벌어졌었다고 한다.

사형선고를 받고 사형 집행을 앞두고 있는 한 죄수가 회상에 잠겨 있다. 어쩌다가 내 인생을 여기서 마감하게 되었는가? 이 세상에 나와서 남의 물건을 처음 훔치기 시작한 것이 언제인가? 죄수가 기억해낼 수 있는 최초의 도벽은 달걀 하나였다. 네댓 살 되었을 때인 것 같다. 이웃집에 가서 동무와 감추기 장난(숨바꼭질)을 하다가 헛간에 숨었다. 그때 마침 암탉이 달걀을 낳고 꼬꼬댁 거리고 있었다. 둥우리에 살그머니 손을 넣어 보았다. 갓 낳은 따끈한 달걀이 손에 잡혔다. 어린이에겐 너무나 신기했다. 그것을 주머니에 틀켜 쥔 채 집으로 와 어머니에게 내밀었다. 어머니는 반찬 없는데 잘 되었다고 하면서 점심에 새우젓을 넣고 쪄먹었다. 가난하던 시절 달걀은 맛있는 점심 반찬이 되었다.

그 후로 이 아이는 하나 둘 남의 것을 훔치게 되고, 마침내는 남의 집 담을 뚫고 들어가 소를 훔치게 되고, 살인까지

하게 되었다. 바늘 도둑이 소도둑이 되는 것을 넘어서 사람을 죽이게까지 된 것이다.

사형수는 마지막으로 어머니가 보고 싶다고 하였다. 어머니와 작별인사를 나누는 사형수는 자기를 키워준 어머니 젖을 마지막으로 보고 싶다고 소원하였다. 사형수는 마지막으로 말 없이 어머니의 젖을 깨물었다고 한다.

어머니가 그때, 철모르고 이웃집 달걀을 가져왔을 때, 어디서 가져왔느냐고 물어보기라도 하고, 남의 것을 가져오면 안 된다고 호되게 혼내주기라도 했더라면 이렇게까지는 되지 않았을 것이라는 원망에서 그랬을 것이라는 이야기다.

여기서 어머니가 잘못하고 죄수가 잘 했다는 이야기를 하려는 것은 절대로 아니다. 그러나 최소한 어머니로서, 어른으로서 문제는 있다. 어린이는 젖을 먹는 동안도 배우고, 또 젖을 먹이는 동안도 교육은 가능하다. 아니 그때가 교육에 있어서 가장 중요한 시기이다. 어린이는 아직 소유 개념이 형성되어 있지 않다. 그냥 내버려 두면 초등학교 때까지도 네 것 내 것의 구별이 없는 것이다. 누구의 것이나 좋으면 무조건 가지려는 것이 어린이이다. 어떤 계기에 소유 개념을 따끔하게 가르쳐야 하는 것이다. 이 죄수의 어머니는 무식해서 그랬는지, 가난해서 그랬는지, 아니면 어머니도 남의 것을 탐내는 사람이었는지 모르나 하여간 남의 것을 훔치면 안 된다는 것을 자식에게 확실히 가르치지 못한 것 같다. 범죄자의 배경에는 반드시 이러한 범죄의 뿌리가 있거나 계기가 있게 마련이다.

학교에서도 이러한 도벽사건이 있어서 교사를 괴롭힌다. 이러한 사건이 발생하면 교사들은 철저히 다스리고 밝혀야 하는데 진도에 바쁘고, 입시에 짓눌리고, 쉽게 해결되기 어려운 골치 아픈 문제이기 때문에 이를 회피하고 적당히 묻어두기 때문에 교사들도 결국 앞에서 예를 든 죄수의 어머니와 같은 일을 하게 되는 것이다. 그러한 결과 학생들이 시험 볼 때 남의 것을 좀 보고 쓰는 것쯤은 별로 잘못 됐다는 생각조차 않게 되는 풍토가 되고 있다. 실지로 내 반 아이들, 내 학교 아이들만 정직해가지고는 손해라는 인식까지 가지게 되는 것이다.

얼마나 절박한지는 모르지만 심지어는 선생님들까지도 연수 후 성적을 위한 시험에서까지 기회만 있으면 부정이라도 해서 성적을 잘 맞으려고 한다. 그런데 더 무서운 것은 그것이 뭐 그리 크게 잘못됐냐고 반문하는 듯한 태도이다. 그것은 우리나라 전반적 풍토가 그리 되었기 때문이다. 대학에서도 고사(중간·기말고사 등)중 부정행위자를 적발하면 다른 학생들까지도 봐주지 뭘 그리 심하게 하느냐는 태도이다. 이것이 문제이다.

그런데 미국의 어떤 저명한 상원의원 한 사람은 무슨 일이 있을 때마다 기자들이 하버드 대학 시절 잠깐 커닝(치팅)했던 것을 들고 나와 꼼짝 못한다는 이야기를 들었다. 어떻게 학교 다닐 때 커닝한 사람을 대통령으로 뽑을 수 있느냐는 것이다. 최소한 공인이 되려면 정직하지 못하면 어림도 없는 것이다. 공인을 만들려면 어머니는 어려서 젖먹일 때부터 정직하게 키우지 않으면 안 되고, 그 선생님도 학급에서 최소한 정직이 통하게 가르쳐야 할 것이다.

하도 세상이 엉망으로 돌아가니 별 생각을 다 해본다. 자기 자식이 들키지 않고 시험 볼 때 좀 부정을 해서라도 서울대학에 들어 갈 수 있는 방법이 있다는 말을 고3 부모들이 자기 자식에게서 들었다면 어떻게 반응할 것인가 하는 문제이다. 또 공부 열심히 하다 눈이 버려도 서울대에 가라고 할 것인가, 아니면 서울대 못 들어가도 좋으니 눈은 버리지 말라고 할 것인가? 아마 일단 서울대에 들어가고 난 다음에 정직하기를 바라는 부모도 많을 것이다. 일단 서울대에 들어가고 나서 눈 조심하기를 바라는 부모나 교사도 많을 것이다. 이런 부모와 교사는 일단 달걀을 쪄먹고 보는 사형수의 어머니나 마찬가지이다. 최소한 과거에 입시부정에 연루되었던 부모들과 교육자들은 자기 자식이나 제자들이 앞장서서 들키지 않게 부정이라도 해준다면 환영할 사람들이었다. 그 귀중한 돈 안들이고 얼마나 좋다고 했겠는가?

너무 심하게 잘못되고 있다. 도둑질하고 강도를 하더라도 자기자식은 도둑질 하지 말라고 하고 정직하라고 가르치는 것이 옛날의 부모였는데 오늘날은 부모 자식 통째로 잘못되는 데 심각성이 있다. 부모가 앞장서서 입시의 정답을 빼다주면 자식이라도(어려서 덜 썩었을 테니) 그런 짓 못하겠다고 튀는 놈이라도 나와야 할 텐데 부모 자식 양쪽 다 썩는데 문제이다.

얼마 전에 인천 세무비리 사건이 떠들썩한 적이 있다. 세무직원이 다 잘사는 것을 모두 인정해주고 나서 그걸 이제 들추어내가지고 떠들썩하다가 잠잠하다가 또 심심하면 떠들썩했다가 또 잊어버리는 것이다. 우리나라 경찰, 세무직원, 공무원, 판·검사 봉급이 뻔하고 부모가 물려준 것도 없이 잘 산다면 부정 않고 무슨 뾰족한 재주가 있겠는가? 뻔한 부정을 다 인정해주고, 또 그런 부정하는 자리에 못가서 안달하고, 그런 부정하던 사람을 마치 존경어린 태도로 대하고 나서 이제야 무슨 큰일이나 난 것처럼, 천지개벽이라도 일어난 것처럼 야단법석이란 말인가?

사회가 구석구석, 곳곳이 너무나 썩어 사정의 칼을 도저히 대지 못하고 있는 실정이다. 의사가 암을 수술하려다 온몸에 너무나 퍼져서 다시 덮지 않으면 안 되는 실정이다.

다 썩더라도 최소한 부모는 썩지 말아야 한다. 선생님이 썩어서는 안 된다. 성직자만은 썩지 말아야 희망이 남아있게 된다. 부모와 선생님이, 성직자가 어떻게 부정을 가르칠 수 있단 말인가? 6급 공무원, 7급 공무원이 분에 넘치게 잘 살면 부부, 부모, 형제, 집안이 먼저 말렸어야지. 그들 주변에 친구도 없었단 말인가? 주변에 선생님도, 목사님이나 신부님, 스님도 없는 고아보다도 더한 돌출한 사람이거나 간첩이라도 들어와서 공무원이 되어 그런 짓을 저질렀단 말인가? 구청 직원과 상급자도 누가 얼마나 잘 사는지 전연 몰랐단 말인가? 우리나라의 악명 높은 사찰기관은 다 어디 갔었나?

집안의 어른이 어른 노릇을 해야 한다. 마을의 어른, 직장의 어른, 학교의 어른, 교회의 어른, 나라의 어른이 제 목소리를 낼 수 있어야 한다. 어른·애 없는 사회가 민주사회는 결코 아니다. 어른은 어른이기를 미리 포기해서는 안 된다. 또 국가와 사회는 어른이 제 목소리를 낼 수 있도록 보장해 줘야 한다.

어른은 어른 대접을 받을만한 권한을 갖고 있다. 평생을 국가와 사회, 가정을 위해서 봉사해오고 헌신해 온 대가를 당연히 받아야 한다. 지금의 어른들은 모두가 어려운 시절 과거에 고생한 분들이다. 더구나 지금의 어른들은 50년대 고난의 시대를 딛고 일어나 60년대, 70년대, 80년대 이를 악물고 일하여 오늘날을 건설한 공헌 자들이다.

오늘의 어른들이 과거에 어린 시절, 젊은 시절 만원버스에서 어른들에게 자리를 양보했었다면 오늘날 젊은이들에게서 당당히 자리를 양보 받아야 한다. 입시에 시달리고 있는 아이들이라고 사정을 봐줘서는 안 된다. 입시보다 더 중요한 게 사회 윤리이다. 입시 학생도, 입시 부모도 어른에게 자리 양보하는 것을 인정해야 한다. 오늘날의 어른들이 어려서, 젊어서 부모에게 효도했다면 당연히 자식으로부터 효도 받을 기대를 하고 준비를 하고 있어야 한다. 효도를 가르칠 생각을 않고, 효도 받기를 일찌감치 포기하고 있는 어른들이 얄밉게 보인다.

스승도 스승이기를 포기하면 제자들도 제자이기를 포기하는 것이다. 선생님과 학생만 있고 스승과 제자가 없다고 한탄만 하고 있을 때가 아니다. 스승 노릇 제대로 하고 제자이도록 단단히 가르칠 생각을 해야 한다. 사회를 위해서, 궁극적으로 나 자신을 위해서이다.

우리 사회에 어른이 필요하다. 당당하게 호통 치던 어른들이 그리워진다. 어른이 어른이기를 포기하고, 스승이 스승이기를 체념하면 지존파, 무슨 파, 제3, 제4의 끝도 없는 인천 세무비리는 계속된다. 기차도, 배도, 비행기도, 육해공군도 모두 가라앉고, 고속도로, 다리도, 아파트도 모두 무너져 내린다. 과거에 교육을 포기하고 하찮게 처박아 놓은 결과 지금 여기저기서 윤리도덕이 가라앉는 소리가 들린다. 더 무너지기 전에 교육을 바로 세우고 어른을 높이 세워야 한다.

일본인은 일본인으로 태어나는 게 아니다

일본인은 일본인으로 태어나는 것이 아니고 길러지듯이
한국인도 한국인으로 길러져야 하는 것이다.

한 교원연수원장이 "일본인은 일본인으로 태어나는 게 아니다"라는 말을 하였다. 처음에 나는 이게 무슨 말인지 언뜻 이해가 되지 않았다. 일본인이 일본인으로 태어나는 것이지 태어날 때 다른 나라 사람으로 태어난다는 말인가?

일본의 한 목욕탕에 학생들과 선생님이 목욕을 하기 위해 들어왔다. 교육자인 원장은 이들의 행동을 유심히 지켜 볼 수밖에 없었다. 학생들을 둥글게 세워 놓고는 목욕하는 방법을 차근차근 설명을 하고 시범을 보이는 것이다. 목욕을 하기 전에 물 한 바가지로 온몸을 깨끗이 닦고 비누칠을 하고 샤워를 하고 탕가에 질서정연하게 앉아서 목욕을 하더라는 것이다. 여기서 일본의 목욕 법을 설명할 생각도 없고 또 그것을 알지도 못한다. 분명한 것은 물 한 바가지라도 아끼는 것을 선생님은 철저히 가르치더라는 것이다. 그 다음엔 공중위생과 공중도덕을 하나하나 철저히 실천으로 가르치더라는 것이다.

다른 사람에게 피해나 불쾌감을 주지 않도록 일본인 선생님이 철저히 지도하는 것을 보고 "아하, 일본인은 저렇게 해서 가르쳐지고 길러지는 구나"하고 느꼈다는 것이다. 그래서 일본인은 일본인으로 태어나는 것이 아니라 '가르쳐 지고 실러 진다'는 것을 강조한 것이다. 물론 일본인은 일본인의 피를 받고 태어난다. 그러나 피를 받고 길러지지 않으면 결코 철저한 일본인이 될 수 없다. 재미교포를 예로 들면 한국인 부모 밑에서 태어나지만 한국적 교육을 못 받고 한국식으로 길러지지 않으면 한국인 얼굴을 한 미국인이 되는 것을 우리는 많이 볼 수 있다. 일본인은 철저한 일본식 양육과 교육에 의해서 오늘날의 일본을 건설하고 세계인의 부러움을 사면서 큰소리치고 사는 것이다.

어떤 사람이 "일본은 없다"하여 베스트셀러가 되니까 다른 사람이 아니다, "일본은 있다"고 다른 측면을 제시하여 일본의 존재론(?) 논쟁이 벌어진 적이 있다. 두 책 다 일본에 대한 우리의 관심을 불러 일으켰다는 점에서 크게 공헌을 했다. 우리는 "일본은 없다"는 부정적인 측면에서도 배울 것이 있고, "일본은 있다"는 긍정적인 측면에서는 더 많이 배워야 한다.

우선 일본인의 세밀함, 철저함에서 우리는 배워야 한다. 특히 우리나라 초·중등 보통교육에서는 이 세밀함과 철저함이 절실히 요구된다. 일제 물건의 하나하나를 뜯어보면 우리는 그 정밀성과 완벽성에 놀라지 않을 수 없다. 우리가 개발도상국으로부터 선진국으로 진입하기 위해서는 먼저 이 정밀·정확성과 완벽성을 일본인으로부터 배워 와서 일본을 뛰어넘어야 한다. 이 정밀성과 완벽성은 양으로부터 질로의 전환을 의미하기도 한다. 성장위주로부터 생활위주, 삶의 질로의 전환에 꼭 필요한 요소이기도 하다. 우리가 60년대 이래 개발의 시대를 맞아 개발위주, 성장위주에 치우치다 보니 이 정밀·정확성, 완벽·완전성이 결여되었을 것으로 본다. '빨리 빨리', '바쁘다 바빠', '적당 적당히', '대강 대강'이라는 말들이 21세기에서까지 통용되게 되었는지 모른다.

한 한국인 교사가 일본에 여행을 가서 도시 한복판에서 공사하는 것을 보고 놀랐다는 것이다. 흙을 파서 차로 나르는데 먼지 하나 나지 않게, 흙 한 덩어리 흘리지 않게 공사를 하고 있더라는 것이다. 흙을 싣고 차의 바퀴를 깨끗이 닦고, 그래 놓고도 아스팔트로 나갈 때는 깨끗한 포장을 덮고, 차가 나간 다음엔 다시 거두어 다른 차들이 지나가는데 불편이 없도록 세심한 주의를 기울이는 모습을 지켜보면서 감탄하지 않을 수 없었다는 것이다.

이러한 완벽성은 다른 사람과 공중에 대하여 자기로 인해서 피해를 주지 않으려는 태도에서 나온 것이다. 일본의 공사판장면은 우리나라 공사판과 비교할 때 하늘과 땅의 차이이다. 다른 사람이야 어떻게 되든 내 것만 챙기면 된다는 심리가 우리 사회에는 너무나 강하게 작용하고 있다. 이러니 아이들이 공사판 웅덩이에서 빠져 죽는 일까지 생기게 만들어 놓고 있다. 지하철공사를 한답시고 수많은 사람들에게 피해를 주는 것이 당연한 것으로 생각하는 것 같다. 공사판의 자재를 아무렇게나 팽개쳐 놓는 것도 공중도덕과 낭비성 여러 면에서 후진국의 탈을 벗지 못하고 있다. 먹는 것, 입는 것, 물질은 그런대로 되어가는 것 같은데 정신과 의식은 아직도 미개의 굴레를 벗지 못하고 있다. 머리는 아직 상투를 틀고 갓을 쓰고, 몸은 아직도 도포 두루마기를 입고 그리고 오토바이를 타고 달리는 모습이다. 정신과 육체, 의식과 행동 사이에 부조화 현상이 벌어지고 있는 셈이다. 우선 정신이 물질 수준으로라도 따라 붙어주고 나서, 정신이 물질을 앞질러 나아가야 한다.

한 대학교수가 일문과 3·4학년 학생들을 인솔하여 일본 수학여행을 다녀와서 보고 기행문집도 만들고 하여 그것을 가지고 내 연구실에 들른 적이 있다. 다녀온 소감을 묻는 나에게 한마디로 "창피해서 죽을 뻔 했다"는 것이다. 일본 초등학교 3, 4학년학생들이 지키는 일을 우리나라 대학교 3, 4학년 학생들이 공중도덕을 지키지 못해서 교수로서, 한국인으로서 창피해서 쥐구멍이라도 들어가고 싶었다는 이야기다. 호텔 복도에 슬리퍼를 찍찍 끌고 다니는 소리, 신발을 아무렇게나 팽개치듯 벗어 놓는 일, 아무데서나 떠들고 노래하는 일, 비누와 머리빗에 머리카락이 붙어 있는 채로 쓰고 팽개치는 일, 모두가 부끄러운 일뿐이었다는 내용의 이야기다. 일본에서는 상상도 할 수 없는 행동이 한국에서 난장판으로 이루어진다. 일본인들도 세계 각국을 누비고 여행을 다니면서 추태를 부린다고 하는데 우리는 아마도 더 추태를 부리고 다니는지 모른다. 국제예의, 국제윤리라는 것도 기본적으로는 인간사회 어디에서나 비슷하다는 것으로 알고, 어디 가서나 사람의 도리를 다하면 된다. 공중도덕을 철저히 실천으로 옮길 수 있도록 가르치고 길러줘야겠다.

이것은 어디서 읽은 이야기이다. 일본의 한 상점 주인이 동네 한 아이에게 자기네 가게의 떡을 훔쳐 먹었다고 자꾸 추궁하는 것이었다. 아이는 "나는 그런 짓을 않는 사람"이라고 변명을 한다. 아무리 변명을 해도 "우리 집에 온 사람은 너

뿐이 없으니 네가 분명히 훔쳐 먹었다. 솔직하게 훔쳐 먹은 것을 훔쳐 먹었다고 하면 용서해주겠다"고 하면서 계속 실랑이가 계속 되었다. 마침내 의심받는 아이의 아버지에게 이 사실이 알려지게 되었다. 이런 말을 듣자마자 그 애의 아버지는 한 마디로 "내 애는 그런 짓할 애가 아니오. 나는 자식들을 그렇게 가르치지 않았소"라고 잘라 말했다. 아무리 그렇지 않은 아이라고 변명과 설명을 해도 상점주인은 설득되지 않았다. 더 이상 설득하고 증명할 길이 없어지자 일본인 특유의 사무라이 정신이 발동한 것이다. 아이의 정직을 증명하기 위해서(잔인한 이야기지만) 그 애의 배를 갈라 보이기로 한 것이다.

자기 자식의 정직성에 대한 아버지의 철저한 믿음이 우리로서는 우선 부럽다. 부모 자식 간에 이러한 믿음이 있다면 우리 사회는 전체가 튼튼해지고 건강해질 수 있다. '우리 아버지는 절대로 교통규칙을 어길 사람이 아니다.' '내 남편은 절대로 곁눈질할 남자가 아니다'라는 철저한 믿음이 있어야 한다. 이러한 믿음은 믿어주는 사람을 실망시키지 않기 위해서 더욱 바르게 살려고, 규칙대로, 원칙대로 살려고 노력하게 만드는 것이다. 순진하게 믿어주는 사람을 실망 시켜서야 되겠는가? 속이려면 차라리 의심하는 사람을 속이는 게 낫다. 어차피 의심받을 바에는 속이고서 의심받아야겠다는 심리가 작용하지 않겠는가? 나 자신도 의심받을 때가 제일 기분 나쁘다. 서양에서도 **"You are a liar."**라는 욕이 가장 심한 욕이 된다. 우리의 가정, 학교와 같이 기초단위, 1차적 집단에서부터 믿음이 통할 수 있도록 이끌어 가야겠다. 쇠고랑 차는 사람들이 얼굴 가리는 것은 먼저 자식 부끄러워, 부모·조상 부끄러워서 나오는 반사작용일 것이다. 얼굴 부끄러운 짓을 하지 말아야겠다.

애의 배를 갈라 보니 아버지의 믿음대로 훔쳐 먹었다고 했던 떡은 없었다고 한다. 도둑질하는 아이가 아니라는 승명을 하기 위해서, 가난하게 살지만 지저분한 짓을 하는 가문이 아니라는 증명을 만천하에 하기 위해서 값비싼 대가를 치른 것이다. 남을 함부로 의심해서도 안 되고 의심받을 짓을 해서도 안 된다.

일본인은 일본인으로 태어나는 것이 아니고 길러지듯이 한국인도 한국인으로 길러져야 하는 것이다. "한국인은 믿을 수 있다"는 이미지를 국제사회에 심어줄 수 있도록 길러져야 한다. 유네스코 워크숍으로 네팔에 갔을 때 네팔의 트리후반대학의 교수들은 "네팔 국민은 아직 믿을 수 있다"고 자랑스럽게, 자신 있게 말하고 있었다. 그런데 나는 한국에서 외국인 교수를 안내할 때 가능한 한 저녁에는 나가지 말고, 복잡한 서울 거리에서는 주머니지갑을 조심하고, 택시미터기 요금대로 내라고 주의를 주어야만 했다.

교사는 교사로 태어나는 게 아니라 교사로 길러지는 것이다. 정밀성, 정확성, 완벽성, 완전성, 공중도덕과 공중윤리, 정직성을 철저하게 가르칠 수 있도록 교사들 자신부터 길러져야 한다.

6. 교육자: 나를 찾아서

이 세상에 그 누구도
남을 위해 태어난 사람은 없다.
남을 위하는 일이 다 나를 위한 일이다.
교육자도 가르치는 속에서 나를 찾아야 한다.

삶과 앎

나는 막연히 "삶과 앎"이 한 글자가 아니었나 하고 추측하고
또 한 글자였기를 희망한다.

우연히 책방에서 『늘 깨어있는 사람들』이란 책과 만나게
되었다. 책 목차나 내용도 살펴보지 않고 제목만 보고, 제목
이 좋아서 샀다. "깨어 있다'는 말이 좋아서 산 것이다. 깨어
있어야 행·불행을 느끼고 삶의 의미를 느낄 수 있다. 졸린
상태나 잠자는 상태에서는 삶을 느낄 수가 없다. 죽어있는 상
태나 다를 바가 없기 때문이다. 사람은 깨어서 말똥말똥한 상
태로 살아야 한다. 졸면서 잠자는 데 시간을 많이 보내면서
장수하겠다는 전략과 생각은 재고해 봐야 한다. 이런 생각을
하면서 이 책을 사 가지고 와서 책을 펴보니 우리나라의 고
승·명승들의 이야기를 담아놓은 것이었다. 그러니까 여기서
깨어있다는 말은 "깨닫는다"와 "깨우친다"는 뜻으로 쓰는 것
같다. 그러나 근본적으로는 이 두 가지 "깨어있다"와 "깨우친
다"는 같은 뜻으로 본다. 왜냐하면 잠에서 깨는 것이나 무지
나 몰랐던 것에서 깨는 것이나 다를 것이 없기 때문이다.

이 책에 소개된 한 스님 이야기를 간단히 요약하고 느낀
점을 적어나가기로 한다. 여기에 소개하려는 스님은 경허 스

님이다. 이 분은 어려서 전남 고흥에서 살았으나 가난하여 더이상 살수 없어 열한 살 때 어머니와 함께 나그네 봇짐을 지고 서울을 향해서 가다가 날이 저물어 지금 서울 근교 과천 앞에 있는 청계산의 청계사에서 머물게 되었다. 그때 마침 청계사에는 서울서 선비 한명이 내려와 주지스님한테서 공부를 하고 있었다. 스님이 선비에게 어떤 질문을 하는데 선비가 대답을 못하고 쩔쩔 매고 있을 때마다 서당이라고는 가보지도 못한 어린이 소년이 척척 대신 답을 하는 것이 아닌가? 신통한 이 소년에 반한 스님은 절에서 심부름을 하면서 지낼 것을 권유하게 되고 갈 곳도 없고 당장 먹고 살 길이 막막한 이 소년은 이를 받아들여 절에서 일하면서 공부도 하다가 마침내 삭발하고 스님이 되는 길로 들어서게 된다. 명석한 머리에다 열심히 노력하여 31세에 지금 대전 근교에 있는 동학사에 내려와 전국 승려교육을 하는 강원의 강사가 되어 명설법을 하게 된다. 31세의 젊은 경허 스님의 너무나 유명한 말씀을 듣기 위하여 전국에서 사람들이 구름 떼처럼 몰려들었다고 한다. 그러던 어느 날 불현듯 청계사에서 자기를 가르쳐주시던 은사님이 생각나 은사님을 찾아뵙기 위해 나그네 길을 떠나게 되었다. 청계사의 그 스님은 법복을 벗고 속세로 돌아왔다고 한다.

어쨌든 은사님을 만나 뵈러 나그네 길을 가다가 비를 만나 어느 동네에 이르러 잠자리를 구하려고 집집마다 찾아다녔으나 대낮인데도 모두 대문을 걸어 잠그고 인기척도 나지 않았다.

이상히 여기며 어느 집 대문 앞 추녀 밑에서 비를 피하고 서있는데 반갑게도 안에서 인기척이 나더니 대문이 열리는 것이었다. 뒤돌아보니 몇 사람이 들것에 무엇을 떼 메고 나오

는 것이었다. 알아봤더니 전염병으로 앓아 죽은 시체란다. 장
티푸스인지, 콜레라인지 잘 모르겠으나 당시로서는 도저히 손
을 쓸 수없는 전염병이 돌아 동네가 몰살하다시피 하여 모두
대문을 걸어 잠그고 문을 안 열어 주었던 것이다. 이미 비를
좀 맞아 떨리는데다 오한이 일고 떨리기 시작하였다. 재워주
는 집도 없고 하여 동네 고목나무 밑에서 사경을 헤매게 되
었다. 이때 경허 스님이 느낀 것이다. 내가 왜 이렇게 죽음
앞에 무력할 수가 있는가? 내가 동학사에서 강의와 설법을
할 때는 마치 생사를 초월한 사람처럼 마구 떠들어 댔는데
막상 죽음에 임박하여 이렇게 초라하게 떨고 있어야 하는가?
그러면 내가 지금까지 떠들어 댄 것은 모두가 죽어 있는 지
식의 더미, "사구(死句)"가 아닌가? 남들이 한 말, 경전에 있
는 좋은 말들을 주워 모아서 설법을 했고 또 그것을 듣고 많
은 사람들이 좋다고 모여들었던 것이 아닌가?

　밤새 삶과 죽음의 갈림길에서 오락가락 헤매다가 폭풍과
비바람은 사라지고 마침내 아침의 빠알간 해가 떠오르면서
차차 생의 길로 들어서 의식을 회복하기 시작하였다. 몸이 마
치 비 맞은 다 헤진 헝겊처럼 천근만근 축 늘어졌다. 이제는
죽어있는 지식의 찌꺼기를 주워 모을 것이 아니라 살아있는
말 "활구(活句)"를 찾아서 정진해야겠다고 결심하고는 은사님
을 찾아뵙는 나그네 길을 계속하였다. 은사님을 뵙고 동학사
에 돌아온 경허 스님은 그렇게도 아끼던 많은 책들을 불살라
버리고 정 버리기 어려운 귀중한 책은 꼭꼭 묶어서 선반 위
에 얹어 놓고는 그 길로 토굴 속으로 들어가고는 밖에서 문
을 봉하게 한다. 토굴에는 두 개의 작은 구멍이 있을 뿐이다.
공양이 드나드는 구멍 하나와 배설하는 구멍 하나이다. 한시

도 책을 안보고는 견디지 못하던 그가 졸음과 잠과 싸우면서 2년인가 2년 반인가를 활구를 찾아서 정진하고 나서 마침내 오도송 시 한수를 읊으며 봉했던 토굴 문을 박차고 나온다.

나는 이 이야기를 읽으면서 사구와 활구라는 말에 정신이 번쩍 들었다. 나는 교육자 생활 25, 6년 동안(책을 읽을 당시) 이 책 저 책을 뒤져 지식의 더미를 엮어서 "사구"를 내 입을 통해서 온갖 아름다운 소리를 다 토해냈다. 제자들 잘 되라고…… 지금 그것들은 다 어디 갔는지? 대부분 허공으로 다 사라진 것이 아닌가? 그 중에 약간은 제자들 귀속에 틀어박혀 대한민국 어느 구석에서 삶으로 나타나길 희망사항으로 기대할 뿐이다. 그리고 나 자신은 무엇인가? 내가 내 입으로 토해낸 말들의 몇 분의 일만이라도 내 몸소 삶으로, 실천에 옮겼더라면 나는 지금의 나보다 더 훌륭한 내가 되었을 것 아닌가? 입으로 가르치는 것 따로 있고 몸으로 살아가는 것 따로 있는 나의 교직자 생활을 언제까지 계속할 것인가? 나 자신은 일기를 안 쓰면서 제자들에겐 일기 쓰는 게 좋다고 했던 내가 밉기까지 하다. 물론 내가 실천하지 못하는 것이라도 제자들을 위해서는 가르치기는 해야 한다. 그러나 내가 할 수 있는 것을 가르치는 것이 더 확실하다. 이제부터는 입으로 하는 강의가 아니라 온 몸으로 하는 강의를 하기 위해 노력 해야겠다.

교수인 내 자신이 그랬으니 학생들도 아는 것 따로 있고, 살아가는 것 따로 있지 않겠는가? 학교에서는 시험보기용으로 배우고 사회에서 살아가기 위한 요령은 별도로 생활용으로 배우고 있으니 우리 교육과 우리 사회는 여전히 겉 바퀴 도는 것이 아닌가? 삶과 앎이 일치하는 교육을 하지 않으면 교육은 의미를 상실하거나 아니면 반으로 줄어들지 않을 수 없다. 비교적 옛 사람들은 살아가면서 배움을 터득했고 또 배운 대로 살아갔다. 한방이나 민간요법은 살아가면서 터득한 앎이고, 옛 사람들은 선생님이나 부모님들이 가르치는 대로 삶을 살아가려고 노력했다. 그래서 비교적 삶과 앎이 일치했다.

나는 막연히 "삶과 앎"이 한 글자가 아니었나 하고 추측하고 또 한글자였기를 희망한다. "삶"은 "살암"이고 "살암"은 "사람"이 되고 사람이 사람답게 살아가는 것이 또 "삶"이 아니겠는가? "살"은 동적이고 "암"은 정적인 느낌이다. 동과 정이 교차하면서 또 조화를 이루면서 사람은 살아간다. "동"만 있어도 안 되고 "정"만 있어도 좋은 삶이라고 할 수 없다.

삶과 앎이 일치하는 교육을 해야겠고 내 자신이 가르치는 대로 살아가야겠다.

중심을 어디에 둘 것인가

"중심을 어디에 두고 보느냐"에 따라 세상은 다르게 보이고
또 거꾸로도 보이는 것이다.

봄이 되면 많은 사람들은 아이들 손을 잡고 동물원으로 구경을 간다. 아이들은 재주부리는 동물을 보고 재미있어 한다. 그런데 동물원에 갇혀 있는 동물들은 반대로 사람 구경을 하게 된다. 겨우내 쓸쓸하게 울안에 갇혀 있다가 봄이 되면 주위로 몰려드는 많은 사람들을 구경하게 된다. 사람들과 마찬가지로 동물들도 동물들의 입장에서 보면 가지각색 패션으로 차려 입은 사람들의 어우러지는 모습을 구경하게 되는 것이다. 착한 사람도 보고 나쁜 마음을 먹은 사람도 보고, 노인도 보고 아이도 만나게 된다. 즉 사람을 중심으로 보면 동물 구경이 되지만 동물의 입장에서 보면 '사람 구경'이 된다. 이렇듯 "중심을 어디에 두고 보느냐"에 따라 세상은 다르게 보이고 또 거꾸로도 보이는 것이다.

우리는 1492년에 콜럼버스가 아메리카 대륙을 발견했다고 배웠다. 나는 초등학교 역사시간에 배운 이 연도를 지금도 기억하고 있다. 여러 번 시험문제에 많이 나와서 외웠을 것이다. 그런데 이 사실을 아메리칸 인디언들에게 물어보면 달라

진다. 아니 아메리카 대륙이 그 해에 하늘에서 떨어졌나, 아니면 갑자기 바다 속에서 솟아나왔단 말인가? 발견은 무슨 발견이야? 우리가 조상 대대로 살아오고 있었던 대륙인데 침략해 들어온 것이지, 서양의 백인들을 중심으로 역사를 보면 발견이지만 오늘날 비참하게 된 인디언들을 중심으로 역사를 보면 침략의 역사로 보게 된다. 그런데 우리는 백인도 아니고 인디언도 아닌 황색인으로서 막연하게 백인문화에 의하여 백인을 중심으로 백인 역사를 가르쳤는지도 모른다. 지금 힘이 없는 인디언들의 입장에서는 억울하기 그지없는 노릇이고 또 발견으로 보고 있는 세상 사람들을 저주하고 있을지도 모른다. 이제부터는 우리가 학생들을 가르칠 때 어떤 관점에서 가르치고 있는가를 분명히 알고 가르쳐야 할 것이다.

나는 아침에 집을 나설 때마다 하나의 완전한 원을 그리고 제자리인 집으로 돌아올 것을 다짐하고 또 기원한다. 간단한 산책을 나갈 때도 한 바퀴 돌아오면 작은 원을 그리게 되고, 때로는 며칠씩 나가서 강연을 하거나 출장을 다녀오게 되면 큰 원을 그리고 제자리인 가정으로 돌아오게 된다. 해외여행이라도 하게 되면 정말 큰 원을 그리며 활동하다 돌아오게 된다. 집을 떠날 때마다 나는 가정이 중심이라는 생각을 하게 된다. 때로는 기분 좋게 집으로 돌아오지만 어떤 때는 정말 지친 몸, 아픈 몸을 이끌고 집으로 돌아오게 될 때도 있다. 그런 때도 역시 가정은 쉼터와 휴식처가 되고 그럴수록 더욱 가정이 나의 중심이라는 생각이 든다. 그래서 옛사람들이 가화만사성이라고 했는가 보다.

과거에는 내 본위로 가정을 이끌어 갔었는데 언제부터인가 가정을 중심에다 놓고 보려는 노력을 하게 되었다. 그 이유는 가정이란 내가 동그라미를 그리는 중심도 되지만 우리 집 아이들과 식구들이 밖에서 활동하며 동그라미를 그리고 돌아오는 중심점도 되기 때문이다. 학교에서 시험에 시달리고 긴장과 스트레스에 지쳐서 집으로 돌아오면 이들을 따뜻하게 맞이해야 할 어머니가 중심을 잡고 있어야 한다.

그런데 최근에 아파트촌의 많은 젊은 어머니들이 집을 비운다는데 걱정이다. 어머니들도 밖에 나가서 원을 그리며 활동은 해야겠지만 가능한 한 자녀들이 학교에서 돌아올 시간만이라도 집에서 기다리다 자녀들을 맞아 주었으면 좋겠다. 하여간 가정은 모든 사회활동의 중심임에 틀림없다. 중심이 흔들리는 가정에 사는 사람이 밖에 나가서 마음 놓고 사회활동 하기는 힘들 것이다.

영국의 낭만파 시인 바이런이 젊어서 바람둥이었다고 한다. 그래서 어느 날 유럽 여행을 떠나게 되었을 때 당시 사귀고 있던 애인은 몹시 불안했다고 한다. 바람둥이가 밖으로 여행을 나가니 바람피울 것이 뻔하기 때문이었다. 더구나 호화찬란한 파리의 거리로 나가면 유혹하는 거리의 여인도 많을 것이므로 바이런에게 편지를 쓰기로 결심을 했다. 그런데 시인에게 바람피우지 말라고 산문으로 따분하게 써봐야 별 감동이나 설득을 끌어내지 못할 것 같았다. 그래서 서투르더라도 시로 자신의 뜻을 표현하기로 했다. 황금에 비유하여 "순수한 사랑(pure love)"을 노래했다. 황금빛과 같이 빛나는 사랑, 순금과 같이 불순물이 섞이지 않은 순수한 사랑, 황금과 같이 여리고 여린듯 하면서도 끊어지지 않는 사랑, 끊어지지 않고 오히려 퍼지고 늘어나는 사랑, 원처럼 처음과 끝이 없는(구분 안 되는) 끝없는 사랑" 이렇게 금반지에 비유하여 노래하는 속에 제발 바람피우지 말라는 간절한 속뜻이 숨어 있었던 것이다. 어쨌든 황금반지는 이런 깊은 뜻이 숨어있고 상징성이 높기 때문에 결혼 기념품으로서는 다이아몬드나 백금보다도 더 비싼 가치를 지니는 것이다. 그런 것도 모르고 돈으로 비싼 것만 찾는 젊은이들이 안타깝기만 하다.

여행 중에 "순수한 사랑" 노래의 편지를 받은 바이런은 애인을 안심시키기 위해서 답장을 쓴다. 제목은 "컴퍼스 식 사랑(compass love)"이다. 바이런은 먼저 자신의 잘못, 바람둥이임을 시인하고 들어간다. 바이런은 자신을 컴퍼스에 끼운 연필에 비유한다. 그래 그렇다. 나는 밖으로 돈다(남자를 바깥사람이라고 하는 것처럼 바람피우는 사람이 밖에서 바람피우지 안에서 피우겠는가?). 그래 그렇다. 나는 기웃 기웃거린다(마치 컴퍼스가 원을 그릴 때 기웃기웃하듯이 이 여자 저 여자 기웃거린다. 예쁜 여자가 눈에 띄면 한 눈 팔고 정신없이 따라가기도 한다). 그러나 내가 밖으로 돌고 기웃거린다고 해서 너마저(애인) 움직이면 어떻게 되겠는가? 그러니 내 걱정 말고 중심이나 꽉 잡아라. 그리고 보이지 않는 선을 가지고 당기고 있어라. 그러면 내가 유럽 여행을 떠나든 어디에 가 있든 나는 언제나 네 가슴에 닿아 있을 것이다.(여자를 '안 사람'이라고 하여 컴퍼스의 중심에 비유한 것이다) 남자가 바람피우는 것은 말할 것도 없이 남자의 잘못이다. 그러나 한편으로 여자가 안에서 중심을 잘 잡았는지 반성해 볼 필요도 있다. 가정에서도 누군가 중심을 잘 잡는 사람이 있어야 한다.

중심(中心)이란 글자를 세로로 내려서 붙여 쓰면 "忠(충)"자가 된다. 충(忠)은 마음의 중심(中心)을 잡는 일이다. 마음의 중심(中心)을 잡으면 충성이 되는 것이다. 충은 국가에 대한 것만이 아니다. 개인에 대한 것도 있을 수 있고 조직이나 직장에 대한 충도 있을 수 있다. 무엇이나 "진정에서 마음에서 우러나는 정성"이 충성인 것이다.

세계 여러 나라들은 다 자기 나라가 세계의 중심, 지구의 중심이라고 생각한다. 중국도 그렇고 중앙아메리카나 중앙아프리카도 마찬가지이다. 어느 나라나 세계지도를 그릴 때 자기 나라를 중앙에다 놓고 다른 나라를 펼쳐 놓게 한다. 미국에서는 미국이 중심에 오게 세계지도를 그린다.

사람들도 자신을 중심에 놓고 세상을 보게 마련이다. 결국은 개인차는 있겠지만 자기중심적이다. 착한 사람은 세상을 착하게 보고, 마음이 검은 사람은 세상을 모두 검게 본다.

선생님들이 정년퇴임을 하면서 자기 앞으로 지나간 제자가 몇 천, 몇 만이라고 자랑한다. 이것은 정년퇴임하는 선생님을 중심으로 하여 보았을 때 그렇다. 그런데 학생들을 중심에 놓고 보면 아이들 앞으로 선생님들이 지나가는 것이다. 초등학교 1학년 때 가르친 선생님도 지나갔고 6학년 때 선생님도 지나가면서 뭔가 가르쳤다. 중학교 때 영어 선생님도 고등학교 수학선생님도 뭔가 일 년 간 열심히 떠들며 지나갔다. 일 년씩 뭔가 열심히 가르친 것 같은데 머리속에 하나도 남아있는 것이 없는 것 같은 선생님도 있다. 때로는 선생님 성함도 생각 안 나고 얼굴도 떠오르지 않는 선생님도 있다. 모든 선생님이 공부 잘해라 몸 튼튼해라 하는 말은 하고 지나갔을 텐데 그런 선생님은 별로 기억에 안 남는다. 한마디를 해도 뭔가 의미를 심어주고 아이들 앞을 지나가는 선생님이 되어야겠다. 선생님도 자신의 앞으로 제자들이 지나가는 것만 생각하지 말고 제자들 앞으로 자신이 지나간다는 것도 생각해야 한다. 마치 심사위원들 앞으로 미인대회에 나온 미인들이 미소 지으며 지나가듯이 아이들 앞으로 선생님이 지나간다고 생각하면 심사위원인 제자들을 두려워하지 않을 수 없다. 제자와 후배를 두려워하라.

마누라를 찾는 일과
자신을 찾는 일

이 세상에서 가장 가까운 나를 먼저 찾고, 아끼고, 사랑하고,
존중하고, 생각하는데 더 많은 시간을 보내야겠다.

옛날에 난리가 나서, 한 젊은이가 전쟁터에서 7, 8년을 싸우고 집에 돌아와 보니 젊은 마누라가 그 기간을 참지 못하고 집을 나가버리고 없었다. 화가 난 젊은이는 나라를 원망하고 또 마누라를 원망하며 동네 친구들과 같이 마누라를 찾아서 길을 나섰다. 어느 산모퉁이를 돌아가고 있을 때 머리가 하얀 할아버지가 양지바른 밭에서 뭔가 일을 하고 있었다. 청년들은 할아버지에게 다가가서 이러이러하게 생긴 젊은 여자가 지나가는 것을 본 적이 있느냐고 물었다. 그리고 자초지종 이야기를 하였다. 이야기를 모두 듣고 난 할아버지는 대답 대신에 이렇게 반문을 했다. “여보게 젊은이, 달아난 여자를 찾는 일과 자신을 찾는 일 중에 어느 것이 더 보람 있고 가치 있는 일이오?”라고. 이에 젊은이는 할아버지의 한마디 질문에 깨달은 바가 있어 발길을 되돌려 집으로 돌아갔다.

그렇다. 달아난 마누라 찾는 일보다 자기 자신을 찾는 일이

더욱 중요하다. 마누라를 찾고도 자신을 잃어버리면 아무 소용이 없다. 천하를 얻고도 자신을 잃어버리면 모든 것이 끝장이다. 하늘의 별을 따고자 매일같이 하늘만 쳐다보고 다니던 탈레스라는 사람은 한 치 발끝 앞에 있는 우물을 보지 못해 우물에 빠져죽고 만다. 그래서 이를 "탈레스 우물"이라 한다. 세상의 모든 사람이 하늘의 별을 동경하고 스타가 되고자 하나 그게 그렇게 쉽게 되는 일이 아니다. 스타가 되고자 하는 사람도 한 발짝 한 발짝 정확하게 자기 길을 갈 때 가능해 진다. 멀리 있는 별을 따기 위해서는 이 세상에서 자기와 가장 가까운 자기 자신을 알고 자기 자신을 찾는 일부터 해야 한다.

어느 교수가 미국에서 박사학위 공부를 할 때 받은 시험문제 하나가 "Who am I?"였다고 한다. 시험지는 얼마든지 주고 또, 시간도 충분히 준다는 것이었다고 한다. 자신의 이름, 키, 몸무게, 신체의 생김새, 성장배경, 가족관계, 친구관계, 성격, 특성 등등……쓰다 쓰다 더 이상 쓸 것이 없을 때 거기까지가 자기가 자기 자신에 대하여 아는 부분이다. 평생을 살아도 자기가 자신을 알지 못하는 부분을 남겨 놓은 채 살아가고 있는 사람이 많다. 자기가 자신에 대하여 정확하게 많이 알 수 있다면 그의 삶은 성공 안할래야 안할 수 없다. 그래서 손자병법에서 자신과 적을 알면 백전백승이라고 하지 않았던가? 또 남이 나를 아는 부분이 있고, 남이 나를 모르는 부분도 있다. 오랫동안 같이 살고, 사귀고, 생활해 본 사람은 나에 대하여 아는 부분이 많고, 별로 관계를 맺지 않았거나 교분을 나누지 못한 사람은 나에 대하여 모르는 부분이 많게 된다. 이렇게 되면 (1) 남도 나도 다 아는 공개된 부분, (2) 남은 나에 대하여 알고 있으나 내가 내 자신에 대하여 모르

는 장님과 같은 맹목적 부분, (3) 나는 내 자신에 대하여 알
고 있으나 남이 나에 대하여 모르는 숨겨진 부분 (4) 남도
나도 나에 대하여 전혀 알지 못하는 알려지지 않은 부분의
네 부분으로 나눠진다. 이렇게 네 부분으로 나누어진 그림을
"조해리 창"이라고 한다. 조섭과 해리스가 연구해 낸 것으로
마치 창문처럼 생겼기 때문에 붙인 이름이다.

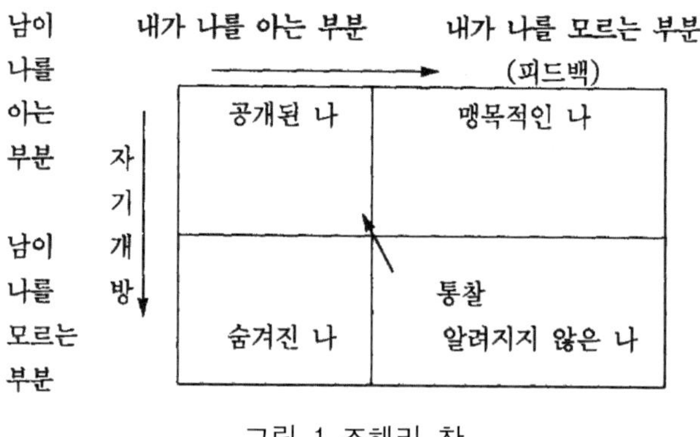

그림 1 조해리 창

　　내가 나를 아는 부분을 넓히기 위해서는 다른 사람으로부
터 조언이나, 충고, 피드백을 받아들이기 위해 노력하고, 다른
사람으로 하여금 나에 대하여 많이 알게 하려면 자기개방, 자
기노출 등이 필요하다. 자기 주위에 겹겹이 높은 담을 쌓아
놓고는 남이 자신을 몰라준다고 원망해 봐야 소용없다. 남도
나도 모르는 부분은 "아차" 하는 순간의 통찰과 깨달음에 의
하여 공개된 부분으로 넘어가는 수가 있다. 남도 나도 공통으
로 아는 공개된 부분이 넓을수록 우리의 인간관계는 좋아지
게 된다.
　　어느 교수가 "Who am I?"라는 시험문제를 받았다고 했는

데, 우리나라에는 "나는 누구인가?"라는 제목이 붙어 있는 책이 있다. 책 제목이 좋아서 사 가지고 와서 읽어 보니 기독교 교회에서 설교했던 내용을 모아놓은 책이었다. 잘은 모르지만 기독교에서도 궁극적으로 나를 알려고 나를 찾고자 한다는 것을 알게 되었다. 또 하나의 "나는 누구인가?"라고 제목이 붙어 있는 책을 발견하였는데 이 책은 불교인지 힌두교인지는 확실히 알지 못하나 라마나 마하리쉬라는 인도 사람이 지은 책을 번역한 책이다.

여기에서는 보통의 내가 아니라 "진아(眞我)"를 찾고자 한다. 아마 힌두교나 불교에서도 기독교에서와 마찬가지로 궁극적으로는 나는 누구인가 알고자 하며 이를 찾고자 추구하는 것으로 여겨진다. 그런가하면 문학에서도 같은 질문을 한다. 어느 희곡 작품의 한 제목에 "나는 누구인가?"가 있다. 나의 정체를 밝히고자 한다. 어느 시인의 시집 제목이 "나를 찾아서"이다. 문학에서도 결국 나를 찾고자 한다는 것을 알 수 있다. 인간은 어디서 나서 어디로 가는 것인가?

사람들은 모였다 하면 남의 얘기를 잘 한다. 그런 시간이 있다면 남의 얘기를 하거나 흉보는 데 쓰지 말고 이 세상에서 제일 가까운 자신에 대하여 깊이 생각하는 일에 일초라도 더 신경을 써줘야 할 것이다. 내가 나를 생각해 주지 않는데 남이 나를 생각해 주기를 기대하는 것은 지나친 기대가 되기 쉽다. 자신을 아끼고, 존경해 주고, 사랑해 주고, 가꾸려는 노력이 필요하다. 자기를 사랑하고, 아끼고 존경하는 것은 이기주의와는 구별된다.

전쟁터에서 백만 인을 이기는 것보다 자기를 이기는 것이 더 중요하고 어렵다. 자기를 이기는 것을 우리는 극기라고 한다.

자기 자신의 무한한 욕망과 유혹과 싸워서 이기기란 그리 쉬운 일이 아니다. 무한히 소유하고 싶고, 타락하고 싶고, 나태하고 싶고, 쉽게 살고 싶은 욕망과 유혹과 싸워서 이겨 스스로 절제하고 엄격하게 살아가는 일이 쉽지 않다. 그래서 백만 적군과 싸워서 이기는 일보다 자신과의 싸움에서 이기는 자가 최후의 승자가 된다. 특히 자신의 양심과 싸움에서 이겼을 때의 승리감은 이루말로 표현하기 어려울 것이다.

우리의 마음이 끌리는 대로 헤매다가는 끝없는 방황에서 헤어나기 어렵다. 우리의 마음이 돈에 끌릴 때도 있고, 이성에, 권력에 끌릴 때도 있다. 마음이 끌리는 대로 가다보면 역시 자신을 잃어버리고 마침내 늙음과 죽음에 이르게 되고 만다. 마음에 따르지 말고 마음을 움직이고 부려먹는 마음의 주인이 되어야 한다. 말로는 쉬운 일이나 실제로 마음의 주인이 되는 자가 이 세상에서 얼마나 될 것인가? 그렇게 어려운 일이다.

우리는 남을 가르치거나 이끌고자 하는 교육자 또는 지도자가 되고자 한다. 또 남을 가르치고 이끎으로써 어떤 희열과 보람을 느낀다. 그 멋에 가르치고 앞장서고자 한다. 그러나 남을 열심히 가르치면서 자신을 가르치지 못하는 사람이 많다. 남을 가르치는 대로만 자신이 살아가면 위대한 사람, 존경받는 사람으로 살아갈 것 같은데 남을 가르치는 사람이라고 다 존경받지 못하는 것을 보면, 우리 교육자들이 가르치는 대로 살아가지 못하는 사람이 많다는 것이 증명된다. 물론 자신이 못하는 일이라도 제자에게는 가르쳐야만 세상이 발전할 것이다. 그러나 자신도 가르치고 남도 가르치려면 남을 가르치기 전에 먼저 자신을 가르치라. 입으로만 가르치지 말고 온

몸으로, 행동으로 가르치는 것이 가장 확실한 가르침이 될 것이다.

살아가자면 마누라도 남편도 필요하고, 돈도, 명예도, 권력도 필요하다. 이것들을 모두 차지 할 수는 없지만 다 찾아 깃는다 하더라도 자신을 잃어버리면 모든 것이 끝장이다.

이 세상에서 가장 가까운 나를 먼저 찾고, 아끼고, 사랑하고, 존중하고, 생각하는데 더 많은 시간을 보내야겠다.

올바른 자아개념과 교육

올바르고 긍정적인 자아개념의 형성은
모든 교육의 출발에 우선한다.

한 소아마비 소년이 있었다. 한 발짝도 걸을 수 없어 항상 휠체어 신세를 지고 있었다. 가난하여 병원에도 제대로 한 번 가보지 못한 채 본인 자신은 물론 부모와 가족 그리고 주위의 모든 친구들이 장애자로 인정해 놓고 그것을 운명으로 받아들이고 있었다.

이 소년은 다행히 동물 기르기에 취미를 갖고 있었다. 특히 비둘기 기르기에 재미를 쏟고 있었다. 실제로 여러 마리의 비둘기를 정성들여 기르고 있었다. 그냥 기르는 게 아니라 철저히 연구하면서 기르는 것이다.

기특하게 생각한 부모님도 동물에 관한 서적, 조류에 관한 서적과 자료를 형편 닿는 대로 구해다 주었다. 때로는 유명한 조류학자도 만나게 해주어 의문이 생기면 문의하고 상담할 수 있게 해주었다.

마침 그 지역에 비둘기 날리기 대회가 있었다. 이 소년은 비둘기를 건강하게 길러 비둘기 날리기 대회에서 우승을 하여 그 상금으로 병원에 가서 자기의 소아마비 다리를 고치기로 마음을 굳게 먹고 비둘기 기르기와 연구에 더욱 열중했다.

그래서 비둘기의 깃털만 봐도 건강상태를 알아차릴 수준에까지 이르렀다. 초등학교 소년이 밤늦게까지 전문 서적을 뒤적이며 비둘기를 연구하는 모습이 얼마나 아름답게 보였는지 모른다.

드디어 비둘기 날리기 대회가 열리는 날이 다가왔다. 제일 건강한 비둘기를 꺼내서 부모님과 함께 차를 타고 경기장으로 향한다. 경기내용은 정확히 모르지만 아마도 출발신호와 함께 일제히 비둘기를 날린 다음에 일정한 거리에 있는 자신들의 집에 돌아와서 비둘기 발에 달린 시계인가 무슨 장치를 한 링을 풀어서 대회장에 갖다 주는 경기로, 누구의 비둘기가 빨리 날았는가를 판단하여 등위를 결정하는 형식이었던 것 같다.

이 소년은 신호와 함께 비둘기를 날리고 곧장 집에 돌아와 휠체어를 타고 현관 앞에서 자기의 비둘기가 돌아오길 기다리고 있다. 엄마 아빠는 비둘기가 날아오는 동안 볼 일이 있어 출타하고 이 소년 혼자서 조바심이 나서 자주 시계를 보며 비둘기가 돌아오길 기다렸다.

한편 신호와 함께 대회장에서 힘찬 비상을 하면서 날았던 비둘기는 주인 소년의 집을 향하여 힘차게 푸른 하늘을 날아간다. 때로는 맑은 하늘을 기분 좋게 날기도 하지만 어떤 때는 비바람을 만나 날개가 젖고 찢기고 지치게 된다.

또 중간에 매를 만나 몇 번 죽을 고비를 넘기게 된다. 그래도 정성들여 키워 준 주인 소년의 은혜에 보답하려는 듯 죽을힘을 다하여 집을 찾아 날아간다.

겨우 날아와 이웃집과의 경계 담장 위에 앉았을 때는 날개가 다 찢기고 깃털이 빠지고 피투성이가 된 채 기진맥진하여 더 이상 날을 수도 없는 상태였다. 담장 위에서 끄덕끄덕 금방 떨어질 것 같은 상태였다.

현관 앞에서 시계를 보며 기다리고 있던 소년의 눈에 이런 광경이 들어 온 것이다. 소년은 현관 앞 계단 때문에 비둘기에게 다가가지 못하고 빨리 오라고 고함치며 비둘기를 부르지만 비둘기도 어쩔 수 없는 처지였다.

그때 설상가상으로 이웃집 고양이가 피투성이 비둘기 있는 곳으로 야옹야옹 하면서 조심스럽게 다가온다.

절박한 순간이다. 소년은 구원을 요청하지만 어디에서도 사람의 기척조차 들을 수 없었다. 이어서 소년은 휠체어를 탄 채 현관 앞 층계를 구르고 허우적거리며 일어나 정신없이 비둘기 있는 곳으로 걸어가 비둘기를 부둥켜안고 쓰다듬고 어루만지는 장면이 나온다.

그 때 출타했던 부모들이 막 들어오게 된다. 이게 웬일인가? 휠체어는 현관 앞에 나뒹굴어져 있고 자기 아들이 담장 앞에 서있는 것이 아닌가? 아들 이름을 부르고 어떻게 된 셈이냐고 소리를 치고 난리가 난 것이다.

그러자 소년은 쓰러져 주저앉고 만다. 분명히 현관 앞에서 이웃집 담장 앞까지 정원을 건너 걸어 간 것 아닌가? 소년도 어떻게 그 곳까지 갔는지 모른다. 정신없이 행동했기 때문이다.

다시 일으켜 세우고 부축하며 걸어 보라고 한다. 그러나 소년은 한 발짝도 걷지 못할 뿐만 아니라 혼자 일어서지도 못한다. 어머니는 말한다. "○○야, 너는 분명히 저 휠체어가 넘어져 있는 곳에서부터 이곳까지 걸어왔다. 그리고 내가 집에 들어왔을 때 분명히 너는 이곳에 일어서 있었다." 소년도 수긍이 갔다.

어쨌든 자기가 이곳에 와있고 비둘기를 안고 있으니 말이다. 그러나 걸었던 기억은 없다. 현관 앞에서 안타깝게 소리치던 기억만이 떠오를 뿐이다.

그동안도 걸을 수 있었던 소년이 소아마비라고, 장애자라고 스스로도 걸을 수 없는 사람으로 처박아 놓고 있었고 부모도 선생님도 친구들도 모두 병신으로 낙인찍어 놓았기 때문에 걷지 못했던 것이다.

그 후 부모와 소년은 짧은 거리이지만 혼자서 걸었다는 사실 하나만 믿고 피나는 연습과 훈련 끝에 조금 씩 조금 씩 걸을 수 있게 되었다.

마침내 조금 절룩거리기는 했지만 휠체어나 지팡이의 도움 없이도 혼자서 독립적으로 걸을 수 있게까지 되었다. 이 소년이 비둘기 날리기 대회에서 상금을 받았는지는 알 수 없으나 결과적으로 이 소년은 비둘기로 인하여 자신의 소아마비를 고친 셈이다.

걸을 수 있는 사람도 스스로 걸을 수 없다고 믿고 미리 포기했기 때문에 영원히 걸을 수 없는 사람이 되고 마는 경우가 많다. 또 어떤 일을 시작하기 전에 실패할 것이라고 믿고 실패할 의도(intention)를 갖고 일을 시작하기 때문에 결과적으로 실패하는 경우가 많다.

성공할 수 있다는 자신감을 갖고 일을 시작해도 실패하기 쉬운데 실패할 의도를 갖고 일을 시작하니 성공할 수 있겠는가? 교육에서도 무엇보다 먼저 긍정적인 자아개념(Self concept)을 심어 주는 일이 중요하다. 자아개념이란 자기가 자기 자신을 어떻게 보느냐 하는 것으로 자아상 또는 자기 이미지(Self image)라고도 할 수 있다.

자신을 착하다고 보고, 능력이 있는 사람이라는 자아개념을 가질 때 긍정적 자아개념을 가졌다고 하고 자신을 형편없는 사람으로 보거나 능력 없는 사람으로 볼 때 부정적 자아개념을 가졌다고 한다.

그런데 사람은 부정적 자아개념을 가질 때보다 긍정적 자아개념을 가질 때 성공 가능성은 높아지고 또 살아가는 삶의 의미도 찾을 수 있게 된다.

이러한 긍정적 자아개념을 自成豫言(Self fulfilling prophecy)이란 말로 나타내기도 한다. 스스로 성공할 수 있다는 예언을 하고 노력하면 예언대로 성공한다는 것이다.

성공할 수 있다고 믿고 성공에 대한 기대를 갖고 노력하게 되면 웬만한 일은 믿음과 기대대로 성공하게 된다는 것이 자성예언이다.

학생들도 자기 자신의 기대와 의미 있는 타인(Significant others)의 기대, 즉 부모나 교사의 기대에 맞추려고 자신도 모르는 사이에 노력하게 된다. 그 한 예로 '오우크 학교 실험(Oak School Experiment)'이 있다.

교장이 신학기가 되어 학생들을 분반하여 새 출석부를 학급담임에게 건네주면서 학생들 이름 위에 무선(random)으로 연필로 동그라미를 치고 '기대되는 아이들'이라고 한 마디 덧붙였는데 1년 후에 보니 아무렇게나 연필로 표시됐던 아이들의 성적이 표시 안 됐던 아이들보다 향상되고 성공적이었다. 상급 학년과 상급학교에까지 추적해서 연구한 결과 이 아이들의 성공률이 다른 아이들보다 높았다는 연구 보고이다. 학생들에게 긍정적인 자아개념과 올바른 자아개념을 심어주는 교육이 다른 모든 교육에 앞서 선행되어야 한다.

특히 장애 학생, 불우 학생에게는 올바른 긍정적 자야개념 형성을 위한 세심한 프로그램을 개발 적용할 필요가 있다. 할 수 없다고 스스로 믿는 사람을 할 수 있게 만들기는 극히 어렵다.

학생들의 올바른 자아개념 형성을 위해서는 먼저 교사자신의 올바른 자아개념 확립이 요구된다. 교사 자신이 자신을 긍정적으로 보고 능력 인으로 인정하고 자신이 하고 있는 교직에 대하여 긍지와 사명감을 갖는 일이 중요하다고 본다.

교사가 자신과 자신이 하고 있는 일에 대하여 자긍심을 갖고 학생들 앞에 떳떳하게 우뚝 설 때 학생들의 눈에 선생님의 모습은 커 보이고 이어서 존경심도 우러나게 되는 것이다. 그래서 교사의 교육력이 학생들에게 저절로 스며들 수 있게 된다.

올바르고 긍정적인 자아개념의 형성은 모든 교육의 출발에 우선한다. 학생들의 올바른 자아개념 형성을 위해서는 교사자신의 올바른 자아개념과 교직의식이 선행되어야 한다.

포도주 반병의 행복

포도주 한 병을 다 가질 수 있으면 좋겠지만 그렇지 못할 때는
포도주 반병으로도 행복할 수 있는 방법을 생각해야 한다.

어느 여름 날, 한 사람이 밖에서 땀을 흘리며 열심히 일을
하고 집으로 들어왔다. 집에 들어와 보니 누군가가 마시다 남
은 포도주 반 병이 있었다. "이게 뭐야, 죽도록 땀을 뻘뻘 흘
리며 일하고 온 사람에게 포도주 반 병이라니, 포도주를 남겨
놓으려면 병마개를 따지 않은 채 온 병을 남겨 놔야지, 에이!
안 마셨으면 안 마셨지, 남이 먹다 남겨 놓은 포도주는 안 마
셔." 이렇게 불만을 표시하며 반 병 남아있는 포도주 병을 발
길로 걷어 차버리고 스스로 불행해진다.

똑같은 상황에서 다른 사람은 "아이구 이게 뭐야, 포도주가
반 병이나 남아있네? 목마른데 마침 잘 됐다." 하면서 포도주
한 모금을 마시며 스스로 행복해진다.

똑같은 상황에서 사물과 현상의 무엇을 보고(What people
see), 어떻게 해석하느냐(How people interpret it)에 따라 인
간 행동이 이렇게 정반대로 달라진다. 앞의 예에서 전자는 포
도주의 반이 비어 있는(partially empty) 것을 보고 스스로 불
행에 빠졌으며, 후자는 포도주의 반이 채워져 있는(partially

filled) 것을 보고 행복해질 수 있었던 것이다.

비관적·부정적으로 보고 해석한 사람은 불행해지고, 낙관적·긍정적으로 보고 해석한 사람은 행복해진 것이다. 비관적으로 봐서 이로울 것이 없다면 차라리 처음부터 낙관적·긍정적·적극적으로 보고, 해석하고, 생각하여 행복한 삶을 살 필요가 있다.

결국 인간은 행복을 추구하는데 포도주 한 병을 다 가질 수 있으면 좋겠지만 그렇지 못할 때는 포도주 반병으로도 행복할 수 있는 방법을 생각해야 한다. 그것은 자신의 마음에 달려 있는 것이다. 마음먹기에 따라 행복할 수도 있고 불행할 수도 있다. 가진 사람만 행복하고 갖지 못한 사람은 불행하다면 불공평해서 이 세상을 어떻게 살겠는가? 갖지 못한 사람도 행복할 수 있어서 다행이다.

행복(Happiness)은 욕망(Need)분의 만족(충족, Satisfaction)이라고 분수로 표시할 수 있다(H=S/N). 행복이 커지려면 분모인 욕망을 줄이고 분자인 만족감을 많이 가져야 한다. 분모인 욕망이 너무 크면 아무리 많이 가져도 계속 가난함을 느끼고 불행 감을 갖게 된다.

어렸을 적에 지게를 지고 풀을 베러 다닌 적이 있다. 이번에는 어디서 풀을 한 짐 벨까 하고 작대기를 두드리며 들판을 이리저리 헤맨다. 저 건너 멀리 바라보면 풀이 파랗게 보여 저기에다 지게를 받쳐 놓고 한 짐 베야겠구나 생각하고 막상 가보면 역시 풀이 휑하게 비어 있어 실망을 하게 된다.

다시 멀리 바라보면 또 그 곳에 풀이 많이 있을 것 같아 또 부지런히 가보면 벨만한 풀이 별로 없는 것을 발견하고는 다시 실망하게 된다. 뒤돌아보면 오히려 먼저 둘러봤던 곳이 파랗게 보인다. 친구들은 벌써 웬만한 곳에 지게를 받쳐 놓고 이미 풀을 많이 베었는데 나는 아직 자리도 못 잡아 지게도 바쳐놓질 못해서 당황하기 시작한다. 가봐야 그곳이 그곳이니 아무데나 받쳐 놓고 풀을 베자고 생각하고 조금 베기 시작하면 친구들은 벌써 풀 한 짐을 까마득하게 쌓아 올리고 집으로 돌아가자고 해서 당황했던 경험이 여러 번 있다.

잔디밭은 멀리 옆에서 바라보면 파랗게 보인다. 그러나 막상 그 곳에 가서 내려다보면 듬성듬성하게 보인다. 옆에서 멀리 보면 행복해 보이던 곳도 막상 그 곳에 가보면 행복만이 있는 것은 아니다. 지위가 높은 자리, 돈이 많은 곳, 권력이 많은 곳이라도 모두 행복한 것은 아니다.

현재의 자리에서 의미를 찾고 열심히 일할 때 행복할 수 있는 것이다. 파란 잔디를 찾아 헤매다가 젊음이 다 가고 늙음이 찾아오면 행복해질 수 있는 시간 자체도 짧아진다. 허황된 행복을 찾아 헤매는 것을 '잔디밭 행복'이라고 한다. 남의 떡이 더 커보이듯이 남의 직업, 남이 하는 일만 행복해 보이기 쉽다.

어떤 사람이 산 넘고 물 건너 정신없이 행복을 찾아 헤매다가 찾지 못하고 지쳐서 오두막 자기 집에 돌아와 울타리 밑에서 돋아나는 새싹을 보고는 행복을 찾았다고 한다. 이와 같이 행복은 먼 데 있는 것이 아니라 가까운 데 자신의 마음 속에 있는 것이다. 마음먹기에 따라 행복할 수도 있고 불행할 수도 있다.

우리 한국인은 어떤 사안에 대해 가능한 한 행복하게 보고 행복하게 해석하려는 근성을 갖는 것 같다. 불행을 당하고도 '그만하기가 다행'이라 자위하기도 하고, '불행 중 다행'이라고 행복 쪽으로 해석하는 심성을 갖고 있다. 불행에 저항하고 빈항히고 원망해봐야 별 수 없고 그럴수록 더욱 불행해지기 때문인지도 모른다.

행복하게 사는 사람은 작은 것에도 행복해진다. 포도수 반병, 엉성한 잔치, 울타리 밑의 새싹을 보고도 행복을 느낀다. 떠오르는 태양을 보고도, 반대로 저녁노을을 보고도, 시원한 바람과 공기, 지저귀는 새소리와 자연의 소리에도 행복해질 수 있다. 작은 것에도 행복하려면 잘 보고, 잘 듣고, 잘 느낄 줄 알아야 한다. 보고도 보지 못하고, 듣고도 듣지 못하고, 읽고도 읽지 못하고, 갖고도 갖지 못하면 행복해질래야 행복해질 수가 없다.

우리는 땀을 흘려서 얻었을 때 더 행복해질 수 있다. 열심히 어떤 일에 집중할 때 행복한 것이다. 자기 자신을 잊고 어떤 일에 미친 듯이 집중하고 골몰할 때 행복해진다.

자기가 원하는 목소리를 내기 위해 마이크를 잡고 열중하는 성악가, 하얀 종이 위에 자기를 나타내려고 자신을 잊고 있는 화가, 열심히 학생을 가르치고 있는 칠판 앞의 교사, 열심히 물건을 만들어내고 있는 공장의 기술자와 공원, 해 가는 줄 모르고 들판에서 일하는 농부의 모습은 모두가 행복해 보이고 아름답게 보이는 장면들이다.

한 미국 대통령이 허허벌판 멀리 농장 한가운데서 홀로 일하고 있는 농부를 보고는 미국의 건설자가 바로 저기 있다고 하면서 그 쪽을 향하여 절을 하고 지나갔다는 이야기가 생각난다.

우리는 자기가 맡은 일에 땀 흘려 열중할 때 행복하다. 등산가가 자기의 두 발로 한발 씩 한발 씩 옮겨 놓아 산의 정상에 올라갔을 때 행복한 것이지 헬리콥터 비행기를 타고 가서 정상에 내려앉았을 때 그 행복이 무슨 의미가 있겠는가? 땀 흘려 일할 때만 일하는 동안은 물론 일을 마쳤을 때도 진정한 행복감을 갖는다. 그러나 쉽게 얻은 성과는 행복도 적고 또 그것마저도 쉽게 사라진다.

교사는 어디서 행복을 찾을 것인가? 학생들을 가르치는 속에서 찾아야 한다. 모르던 것을 선생님으로부터 배우고 깨우쳤을 때 학생들이 즐거워하는 모습을 보면서 행복할 수 있다. 어려움에 처한 학생을 구해줘 올바르게 자라나는 모습을 보고 우리는 행복해지지 않을 수 없다. 어리던 아이들이 하루하루 가르친 대로 성장하는 모습을 보면서 행복해진다. 우리 선생님 최고라는 존경의 표시까지 받을 때는 더욱 행복감을 느낀다.

결국 교사는 교실 속에서 학생들과의 상호작용 속에서, 수업성취에서 행복을 느껴야 한다. 교사가 교실 속에서 행복하지 못하면 모든 것이 허사이다. 교사로 하여금 교실 속에서 행복할 수 있도록 모든 제도와 행정이 집중되어야 한다. 만약 교실에서 행복을 찾지 못하여 가능한 한 빨리 학생들과 수업으로부터 멀리 떨어져 나가려고 한다면 교사 본인을 위해서도, 학생과 학교, 국가를 위해서도 불행한 일이다.

교사가 교실에 남아 있어도 손해를 안 보고 오히려 존경을 받게 된다면 구태여 교실을 떠나지 않으려 하는 교사들도 많아지리라 믿는다. 교사로 하여금 가르치는 속에서 행복을 찾을 수 있도록 제도적 뒷받침이 있어야 한다.

대신 교육 행정가는 교육 행정을 함으로써 보람과 행복을 찾을 수 있어야 하다. 교사로 하여금 능력을 발휘하여 학생을 가르칠 수 있도록 교사를 도와주고 지원해 주는 속에서 보람과 행복을 찾아야 한다. 갖은 풍랑과 파도를 헤치고 학생과 교사가 탄 배를 목적지 항구에 안전하게 정박시켰을 때의 성취감으로 교육 행정가는 충분히 행복할 수 있을 것이다.

교사나 교육 행정가가 하는 일, 그 본래의 임무에서 행복을 찾지 못하고 외부에 눈을 돌리고 외적인 요인에 동기유발이 된다면 본인들을 위해서도 국가를 위해서도 불행한 일이다. 본인들이 하는 일, 작은 것에도 행복하려고 노력해야겠지만 국가에서도 이를 법적·제도적으로 보장해 주는 일도 함께 병행해줘야 한다.

24시간의 용돈

오늘 타가지고 나온 24시간의 용돈을 필요한 것에 정확히
잘 썼다고 부모님(하느님)께 보고드릴 수 있었으면 좋겠다.

나는 아침에 잠자리에서 눈을 뜨고 깨어나면서 하느님께
'24시간'이라는 용돈을 타가지고 일어난다. 매일매일 타오는
24시간을 어떻게 사용하느냐가 내 삶의 질이라고 할 수 있다.

아이들이 부모님으로부터 타가지고 나온 용돈을 잘 써야
하듯이 나도 24시간이라는 용돈을 가치 있고 보람되게 잘 써
야 한다.

또 시간 시간이 즐겁고 행복해야 한다. 주어진 용돈을
100% 행복하게 사용한다 해도 인생은 짧은 것인데 그 시간을
불평과 불만 속에서 지낸다는 것은 너무나 억울한 노릇이다.

몇 년 전에 『시간을 지배한 사나이』라는 책을 읽은 적이
있다. 소련의 곤충학자 류비세프는 1916년 1월 1일부터 1972
년 사망하기까지 56년간의 자기 시간을 철저히 계획, 관리,
기록, 통계, 평가하면서 살았다. 그의 시간통계에 의하면 1년
결산에서 몇 분 몇 초의 오차가 있을 뿐 거의 100% 시간 계
획대로 살았다고 한다. 너무나 무서운 사람이다.

이러한 시간계획 덕분에 그는 생물학, 곤충학, 과학사에 정

통하고 철학, 문학, 역사에서도 전문가를 능가하는 경지에 이르렀다. 또한 70여부의 전문 저서를 써냈다. 결국 주어진 시간을 무섭게 철저히 산 것이다.

그런데 우리는 이렇게 주어진 시간을 철저히 관리하여 살 생각은 하지 않고 막연하게 장수하고자 하고 하느님께 시간을 더 달라고 졸라대고, 때로는 시간이 없다고, 시간이 짧다고 원망하기도 한다.

모든 사람에게 용돈을 분배하듯이 하루에 24시간씩 똑같이 나누어 주는 것은 하느님의 공평한 분배징책이다.

남녀, 노소, 빈부, 귀천의 구별 없이 똑같이 분배해 주시는 하느님의 분배정책이 나는 마음에 든다. 그래서 나는 이에 불만이 없다.

그런데 이렇게 24시간을 똑같이 나누어 주어도 어떤 사람은 20시간이나 18시간으로 줄여 쓰고 어떤 사람은 25시, 26시로 늘려 쓰는 것이다. 그래서 '재별 25시', '게오르규의 25시'가 나온 것이다.

또 레이조지프의 『하루 24시간을 어떻게 쓸 것인가』라는 책은 순전히 시간 장사를 하여 시간을 버는 방법을 제시해 놓고 있다. 시간 장사를 통해서 성공적인 삶을 사는 것이다.

나는 류비세프나 레이조지프처럼 지독하게 시간을 관리하고 아끼고 저축하지는 못한다. 또 그렇게 살려는 생각조차 해보지 않았다. 그러나 막연하게나마 시간이 중요하다는 것을 느끼고 있다. 또 결국 삶을 잘사느냐 못 사느냐는 시간싸움이라는 생각을 해보곤 한다.

권투 선수는 1라운드 3분에 승자와 패자로 갈라서기도 하고, 1등과 2등은 0.001초 차이로 금메달과 은메달의 차이가 되며, 이 금메달 하나는 은메달 200개보다도 낮다.

내가 초등학교 교사를 하다가 대학교 교수로 옮겨 가니까 이미 교수를 하고 있던 사람들이 나를 무시하는 태도를 보였다.

나는 그 때 그에게 이렇게 말한 적이 있다. "당신이 대학교수라고 술 마시고 돌아다닐 때 나는 초등학교 교사로서 책 보고 있었다."고. 그리고 인생은 마라톤이기 때문에 인생의 종점에 가서 보자고.

인간은 누구나 인생의 종점에 가서 자기결산을 하게 될 것이다. 우리나라에서는 시간을 지키다 보면 항상 손해를 보게 마련이다. 시간을 맞추려다 보면 항상 일찍 서두르게 되는데 늦게 오는 사람이 있고 대개 모든 일이 정시에 시작이 안 되므로 앞뒤로 손해를 보게 된다.

시간이 돈이라면 황금을 잃게 되는 셈이고, 또 시간이 생명이라면 나는 다른 사람 때문에 내 생명을 단축시키고 있는 셈이다. 우리는 시간을 사는 것이므로 시간은 곧 생명이다. 그래도 내 자신이 다른 사람의 돈과 생명을 훔치는 도둑놈이 안 된다는 데 일종의 위안을 삼고 있다.

나는 쓸데없이 내 시간을 빼앗기고 있을 때가 제일 기분이 나쁘다. 그리고 내가 시간을 내주고 시간을 써줘서 다른 사람들이 고마워하고 가치 있어 할 때 제일 기분 좋다.

그래서 나는 다른 사람에게 그렇게 인색하게 살고 싶지 않다. 내가 조금 더 부지런하고 잠을 덜 자면 되기 때문이다.

사람들이 돈을 잃으면 애통해 하면서도 시간에 대해선 아무렇게나 보내면서도 무관심하고 둔감한 것을 보면 때로는 불쌍해 보이기까지 한다.

특히 젊은이들이 쓸데없이 시간을 죽이고(Killing time)있는 것을 보면 우리 민족의 앞날이 걱정된다.

지금은 달라졌지만 담배 연기 자욱한 지하 다방에서 젊은 이들이 너무나 많은 시간을 죽이고 있는 것을 볼 수 있었다.

그러나 땀을 흘리고 산을 타거나 운동을 하면서 시간을 보내는 것을 보면 내 마음이 흐뭇하기까지 하다. 또 밤늦게까지 외롭게 실험실의 창을 밝히고 있는 모습을 바라볼 때 괜히 나까지 행복해진다.

나는 류비체프처럼 분·초를 가리는 시간통계법을 가르치지는 않아도 가끔 거친 시산셰산을 가르친다.

하루 24시간, 그 중에서 6시간은 잠자는 시간으로 뺀다.(24－6＝18(시간)).

잠자는 시간은 죽어 있는 시간과 비슷하다. 사람은 깨어 있어야 행·불행이 있을 수 있다.

깨어 있다는 말은 '깨닫는다'는 말과 통하는 점이 있다. 죽어 있는 시간과 비슷한 '잠자는 시간'을 늘리면서 장수하려는 것은 고장 난 계산기이다. 젊어서 깨어 있는 시간을 많이 가져야지 늙어서 괴로운 시간을 많이 가지면서 장수하려는 것은 잘못된 계산이 아니고 무엇이겠는가?

24시간에서 잠자는 시간인 6시간을 뺀 나머지 18시간을 어떻게 배분하여 사느냐에 따라 그 사람의 삶의 질과 행·불행이 결판난다.

18시간 중에서 반에 해당하는 9시간은 직장에서 보내는 시간(출·퇴근 시간 포함)으로 보아야 할 것이다(24－6＝18, 18－9＝9(시간)). 나머지 9시간이 가정생활, 개인생활 시간으로 본다.

직장시간을 뺀 자기시간이 모두 100%가 행복하다고 해도 인생의 반쪽도 행복하게 살지 못하는 셈이다. 개인시간, 가정 생활조차도 행복하지 못한 사람은 더욱 불행하고 불쌍하게 인생을 사는 것이다.

그러면 인생을 행복하게 살려면 어떻게 해야 할 것인가? 행복의 시간을 늘리려면 어떻게 해야 하나?

직장시간 9시간을 『행복의 시간』으로 만들어야 한다. 일하는 시간, 직장에서 근무하는 시간이 즐거워야 한다는 말이다. 직장시간은 이 세상에서 가장 친하다는 부부간이나, 부모 자식 간에 같이 보내는 시간보다 더 많은 시간이다.

교사나 학생이라면 학교에서 보내는 시간이 인생 전체에서 상당한 비중을 차지한다는 말이다. 교사와 학생이 학교에서 보내는 시간이 온통 행복하고 즐거워야 한다.

학교에서 보내는 시간이 불안·공포·긴장·스트레스의 시간이 되지 않도록 해줘야 할 책임이 학교행정가와 조직구성원 모두에게 있다. 교사는 학생의 시간을 통제(control)하고 교육 행정가는 교사와 학생의 시간, 즉 남의 시간까지 좌우하게 된다.

즐거운 학교를 만드는 일에 좀 더 관심을 돌려야겠다. 학교는 가르치고 배우는 장소이기 이전에 교사와 학생의 삶의 터전이다. 우리는 가정에서만 행복하려고 하지 말고 직장까지 학교까지, 행복을 나누는 장소로 만들어야 한다.

교육관리자는 이런 관점에서 학교에서의 시간구조(time structure)에 대하여 ‘재구조화’하는 연구를 해야 한다. 학생들이 배움에 흥분하고 열광할 수 있는 시간을 어떻게 만들어 줄 것인가? 굳어져 있는 시간 스케줄이 아니라 융통성 있는 시간구조로 전환시켜야 할 것이다. 학생들에게 협동, 봉사할 수 있는 시간도 제공해줘야 할 것이다. 획일적인 시간표와 시종시간도 재고할 필요가 있다.

최근에 '시(時)테크'란 말이 강조되고 있다. 기업에서 초를 다투더니 바쁠 것 없던 공무원, 관청에서도 본을 받고 있다. 도청국장의 담배 한 대 피우는 시간은 2,125원이고, 과장은 1,215원이고, 직원은 840원이라는 것이다.

이렇게 따지면 교장의 1시간은 엄청난 돈이 될 것이며, 60명한 학급에서 교사와 학생이 5분을 허비했다면 금전적, 정신적자원의 엄청난 낭비가 되는 것이다.

이제는 학교에서부터 시간관리에 철저를 기해야겠다. 40분, 50분 수업의 밀도를 높이기 위한 방안을 강구해야 할 것이다. 교장과 교사의 엄격한 시간계획이 요구된다.

어린이와 젊은이의 1시간과 70, 80먹은 노인의 1시간은 양적으로는 같을 것이나 질적으로는 하늘과 땅의 차이이다. 어린이와 젊은이들이 감격하고 감동하고, 열광하고 흥분할 수 있는 학교시간을 창조해야 한다.

늙어서 가질 메마른 시간, 지루한 시간을 앞당겨서 학생들에게 강제로 갖다 주는 죄를 더 이상 짓지 말아야 할 것이다. 자연의 봄은 다시 찾아오지만 인생의 봄은 두 번 다시 오지 않는다.

오늘 타가지고 나온 24시간의 용돈을 필요한 것에 정확히 잘 썼다고 부모님(하느님)께 보고드릴 수 있었으면 좋겠다. 적다고 원망하지 말고, 더 달라고 떼쓰고 욕심 부리지 말고, 주어진 시간이라도 하루하루 깨끗이 써야겠다. '응애'하는 생의 시작과 동시에 거기엔 반드시 '사(死)'자가 따라 붙는다. 우리는 어차피 시한부 인생이다.

우리는 시한부 인생이기 때문에 귀중한 삶을 살아야 한다.

우리가, 영원히 살수 있다면, 우리 앞에 '죽음'이 없다면, 우리의 삶은 갑자기 그 가치를 잃게 될 것이다.

나의 인생결산서의 마지막에 '최선'이라는 잔고증명이 나왔으면 좋겠다는 생각을 해본다.

● **저자** ●

주삼환
(朱三煥)

서울교육대학 교육학과 졸업, 서울대학교 교육대학원 교육행정전공(교육학 석사)
미국 미네소타 대학교 대학원(박사), 서울시내 초등교사, 충남대학교 교수,
한국교육행정학회 회장(1999), 충남대학교 (교육학과) 명예교수

• 주요 지서 •

21세기의 한국교육(학지사, 2016), 대한민국 한 교사의 삶과 생각(학지사, 2016), 수업장학: 수업예술과 과학 지원(학지사, 2015, 공역), 교육리더십:연구와 실제(학지사, 2013), 교육윤리리더십: 선택의 딜레마(학지사.2011. 공역), 교원의 전문적 능력개발(시그마프레스. 2011. 공역), 학업성취 향상 수업전략(시그마프레스. 2010. 공역), 교육행정윤리(시그마프레스. 2010, 공역), 불가능의 성취(학지사, 2010), 미국의 최우수학교 블루리본 스쿨(학지사, 2009, 공저), 리더십 패러독스(시그마프레스. 2009. 공역), 한국대학행정(시그마프레스, 2007, 문화체육관광부 우수도서), 도덕적리더십(역,T. J. Sergiovanni 저,시그마프레스, 2008), 교육행정사례연구(학지사, 2007. 공저), 교육행정철학(학지사, 2007. 공저), 장학의 이론과 기법(학지사, 2006), 학교경영의 이론과 실제(학지사, 2006, 공저), 교육행정 및 교육경영 5판(학지사, 2015,공저), 한국교원행정(태영출판사, 2006, 문화체육관광부 우수도서), 미국의 교장(학지사, 2005), 지시정보화 사회의 교육과 행정(2000), 학교경영과 교내장학(1996), 학교문화 리더십(학지사, 2018. 공역) 한국학술정보(www.kstudy.com) 도서 35권. I-1 우리의 교육, 몸으로 기르치지. I 2 많이 가르치고도 실패하는 한국교육. I-3 위기의 한국교육, I-4 전환시대의 전환적 교육. I-5 교육이 바로 서야 나라가 산다. II-1 장학의 이론과 실제: I 이론편. II-2 장학의 이론과 실제: II 실제편. II-3 수업분석과 수업연구(공저), II-4 전환적 장학과 학교경영, II-5 장학: 장학자와 교사의 상호작용(역, A. Blumberg 저), II-6 임상장학(역, Acheson & Gall 저), II-7 교육행정 특강, II-8 교장의 리더십과 장학, II-9 교장의 질관리 장학, II-10 교육개혁과 교장의 리더십, II-11 선택적 장학(역, A. Glatthorn 저), II-12 장학 연구, II-13 인간자원장학(역,Sergiovanni & Starratt저), III-1 올바른 교육행정을 지향하여, III-2 한국교육행정강론, III-3, 미국의 교육행정(역), III-4 지방교육자치와 대학자치, III-5,전환기의 교육행정과 학교경영, IV-1 교육행정철학(역, C. Hodgkinson 저), IV-2 리더십의 철학(역, C. Hodgkinson 저), IV-3 대안적 교육행정학(공역, W. Foster 저), IV-4 교육행정사상의 변화, V-1 교양인간관계론(역, A. Ellenson 저), V-2 입문 비교교육학(역, A. R. Trethwey 저), V-3 사회과학이론입문(공역, P. D. Reynolds 저), V-4 허즈버그의 직무동기이론(역, Herzberg 저), V-5 미국의 대학평가(역, Marcus, Leone & Goldber 저).

우리의 교육, 몸으로 가르치자

● 초판 인쇄	2005년 6월 28일
● 초판 발행	2005년 6월 30일, 2018년 6월 8일 부분 수정
• 저　　자	주삼환
• 펴 낸 이	채종준
• 펴 낸 곳	한국학술정보㈜
	경기도 파주시 교하읍 문발리
	파주출판문화정보산업단지 526-2
	전화 031) 908-3181(대표) · 팩스 031) 908-3189
	홈페이지 http://www.kstudy.com
	e-mail(e-Book사업부) ebook@kstudy.com
• 등　　록	제일산-115호(2000. 6. 19)
• 가　　격	25,000원

ISBN　89-534-2522-0　93370 (paper book)
　　　　　89-534-2523-9　98370 (e-book)